KB072662

따라 하면
일도 관계도
술술 풀리는

기적의 말투 99

따라 하면
일도 관계도
술술 풀리는

기적의 말투 99

야마자키 다쿠미 지음
김지윤 옮김

더퀘스트

들어가며

평범한 사람이 단숨에 호감을 얻는 비밀

사회생활은 커뮤니케이션이 전부입니다

어떤 사람에 대한 인상은 그가 하는 말의 옳고 그름보다는 그 사람에 대한 호감 여부로 결정됩니다. 그리고 호감을 얻는 사람이 어떤 일이든 훨씬 수월하게 합니다.

비결이 무엇일까요? 바로 '커뮤니케이션'입니다.

아무 말 없이 혼자서 애쓰는 사람은 '알아서 잘하고 있나 보다'라고 생각하게 할 뿐입니다. 자꾸만 마음이 가고 가까워지고 싶은 사람에게 말을 걸거나 너그럽게 봐주는 경우가 많죠.

그렇다면 어떻게 커뮤니케이션을 해야 '모두가 좋아하는 사람'으로 거듭날 수 있을까요?

저는 비즈니스 코치이자 커뮤니케이션 전문가, 사업가로서 지금까지 수십만 명과 관계를 맺어왔습니다. 이런 경험이 쌓인 덕분에 커뮤니케이션에서 가장 중요한 것이 무엇인지 깨달았습니다.

'내가 말을 잘하는 것'보다 '말로 상대방의 마음을 얻는 것'이 더 중요하다는 것입니다.

다음과 같은 상황을 상상해보시기 바랍니다.

거래처 사람인 A 씨와 B 씨가 당신을 위해 애써주었습니다.

당신이 감사의 마음을 담아 두 사람에게 "고맙습니다" 하고 인사를 건넸고, 각각 다음과 같은 대답이 돌아왔습니다.

A 씨: "당연한 일을 한 것뿐인데요, 뭐."

B 씨: "○○ 씨에게 조금이라도 칭찬받고 싶어서 그랬죠."

두 문장의 차이를 아시겠나요?

A 씨는 당신에게 이른바 '격식을 차린 멘트'를 건네었습니다. 사회인으로서의 매너를 잘 지킨 말이기에 당신이 나쁜 인상을 받을 일은 없을 겁니다.

반면에 B 씨의 말은 사회인의 매너라는 관점에서 봤을 때 조금 애매하지 않나요? 어린아이 같다고 느낀 사람도 있을지 모릅니다. 그럼에도 왠지 모를 친근감이 느껴집니다.

왜냐하면 B 씨의 말투는 1차 감정, 즉 '악의 없는 본심'을 표현한 반면, A 씨의 말투는 그 감정을 숨기고 있기 때문입니다.

예컨대 밤늦게 돌아온 딸에게 아버지가 이렇게 말했다고 가정해봅시다.

"야, 지금이 몇 시인데 이제 들어와?"

이것은 감정을 숨긴 말입니다. 이런 말을 들으면 딸도 "왜 사사건건 간섭해? 나도 내 나름의 사정이 있다고!"라고 반발하겠죠. 이 또한 감정을 숨긴 말이지요.

사실 아버지의 '1차 감정'은 분명 '걱정했어. 무사히 돌아와서 다행이다. 무슨 일이라도 생겼으면 어쩌나 싶어서 안절부절하지 못했어'에 가까울 것입니다.

그 1차 감정을 그대로 전달했다면 딸도 분명 "미안해. 연락하고 싶었는데 스마트폰 배터리가 나가서 전화를 못 했어" 하며 그에 상응하는 1차 감정으로 대답했을 겁니다.

이와 같은 대화는 일상생활에서 늘 적용됩니다.

사회생활을 하면서 흔히 듣게 되는 표현들이 존재하죠. 예를 들면 "귀사의 이익을 최우선으로 생각했습니다", "당신을 위해서 하는 말이야", "일정이 꽉 차는 바람에 못 가게 되었네요. 죄송합니다" 같은 말들은 거짓말은 아니지만 왠지 겉치레처럼 들리곤 합니다. 이런 말들은 '1차 감정'을 감춘 표현이기 때문입니다.

어른의 대화 70퍼센트 이상이 이런 사교성 멘트로 이루어진다고 생각합니다. 그렇다고 어른들의 말이 전부 의미 없다는 뜻은 결코 아닙니다. 다만 평범한 인상이 아니라 좋은 느낌을 단번에 주고 싶다면 다른 방법이 있다는 것입니다. 모두가 사교성 멘트로 이야기하는 세상이기에 용기를 내어 '1차 감정'을 담아 대화하면 오히려 상대방과 단숨에 가까워질 수 있습니다.

있는 그대로 자신의 느낌을 전달하면 됩니다

제 이야기에 "그럴 수 있으면 누가 이 고생을 하겠어요"라고 답하는 사람이 대다수일 것입니다. 그런 분들을 위해 쉽게 따라할 수 있는 커뮤니케이션 가이드를 준비했습니다.

이 책에서는 흔히 사람들이 어렵게 생각하는 '인사하기', '제안하기', '거절하기', '대답하기', '설명하기', '지시하기', '사과하기', '배려하기'라는 8가지 상황에서 '센스 있는 사람'이 어떤 말을 골라 사용하는지 99가지 실례를 바탕으로 설명합니다.

이 커뮤니케이션 기술을 잘 습득한다면, 당신의 말을 들은 상대방은 마치 마법에 걸린 것처럼 사회인의 가면을 잠시 내려놓고 당신에게 자기 본연의 모습을 보여줄 것입니다. 이 책을 교과서처럼 달달 외워 읊어도 괜찮습니다. 자기 감정을 온전히 드러낸 적이 없다면 처음에는 부끄러울 수 있습니다. 또 자기도 모르게 옛날 말버릇이 나오는 사람도 많을 겁니다.

하지만 어떤 말이든 자꾸 쓰면 언젠가는 자신의 것이 됩니다.

그리고 앞으로 만나는 사람들은 당신을 원래 커뮤니케이션에 능통한 사람이라고 인식할 겁니다.

이 책에 등장하는 커뮤니케이션 능력을 습득한다면 머지않아 인간관계에 세 가지 변화가 생깁니다.

첫째, 기회가 찾아옵니다.

생각지도 못한 곳에서 엄청난 일이 벌어지고 흔치 않은 경험과 뜻밖의 소개를 받을 기회가 생길 것입니다. 또 당신을 좋게 보던 이들에게서 하고 싶던 일을 서포트

받는 일도 생길 것입니다.

둘째, 정보가 모입니다.

계속해서 생기는 새로운 정보들 덕에 '하고 싶은 일'이 늘 넘치는 상태가 됩니다.

셋째, 자기긍정감이 커집니다.

사람들에게 사랑받으면 자연스레 스스로가 좋아집니다. 다른 이들과 대화하는 게 즐거워지고, 자신감도 생기죠. 그 전까지는 어려워하던 사람에게도 쉽게 말을 걸 수 있게 됩니다.

아주 작은 커뮤니케이션 기술이지만 이것들이 모이고 모이면 자신도 모르는 사이에 '저 사람과 함께하고 싶어', '저 사람 부탁이니까 들어주자', '저 사람한테만 알려주자'라고 생각하는 사람이 늘어납니다.

그런 세계가 온다고 상상하니 왠지 설레고 두근거리지 않나요?

기분 좋게 말하면 윗사람은 물론이고, 아랫사람에게도 사랑받습니다. 만나는 사람은 물론 모르는 사람에게도 호감을 살 수 있지요.

이 책을 통해 한 끗 디테일이 큰 차이를 만드는 센스 있는 말투를 익혀서 일도 인간관계도 원하는 대로 술술 풀리는 기적을 경험해보시기 바랍니다.

야마자키 다쿠미

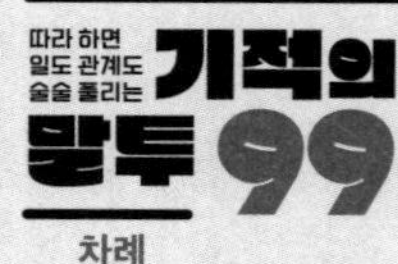

차례

2장 대답 / 반응 | 어떻게 말해야 상대가 기분 좋게 리액션할 수 있을까

3장 부탁 / 의뢰
어떻게 말해야 상대가 no라고 하지 않을까

4장 제안 / 주장
어떻게 말해야 의견을 제대로 전할 수 있을까

5장 거절 / 사퇴
어떻게 말해야 상대의 기분이 상하지 않게 거절할 수 있을까

6장 지시 / 주의
어떻게 말해야 상대를 움직이게 할 수 있을까

7장 사과 / 반성 | 어떻게 말해야 제대로 사과할 수 있을까

8장
배려 / 감사
어떻게 말해야 진심을 전할 수 있을까

1장

인사 / 소개

어떻게 말해야 호감을 살 수 있을까

모든 커뮤니케이션의 시작은 '인사'입니다.
호감을 주는 사람이 있습니다.
호감 가는 인사 비법은 과연 무엇일까요?

01

빠르게 거리를 좁히고 싶을 때

인간관계는 가위바위보와 달리 먼저 손을 내밀수록 유리합니다. 내가 먼저 호의를 보이면 상대방도 자연스럽게 그 신호에 긍정적으로 반응하기 마련이니까요. 그리고 이것이 첫 만남을 잘 풀어가는 비결입니다. 미소와 존경, 호감을 먼저 표현하세요.

"당신의 개그감은 정말 최고예요", "당신과 함께 있으면 유쾌해서 기분이 너무 좋아지네요", "이렇게 재미있는데 우리가 더 일찍 만났다면 얼마나 좋았을까요?",

"어떻게 그렇게 좋은 것만 잘 찾아내세요? 대단해요"라는 말로 호감을 표현합시다. 긴장해서 말이 잘 안 나올 때는 이를 살짝 드러내고 눈웃음을 지어보세요. 그것만으로도 충분히 호감을 표현할 수 있습니다.

상대에게 어떤 말을 하는지만큼 상대의 이야기에 귀를 기울이는 자세도 중요합니다. 상대방을 호기심 어린 시선으로 바라보고, 그의 흥미에 관심을 보여야 하죠. 그러면 신뢰가 쌓이고 상대방이 당신에게 친밀감을 느끼게 될 것입니다. 상대가 신명 나게 이야기할 수 있도록 "오!", "그렇구나!", "그랬어요?", "놀랍네요", "이런 이야기는 처음 들어봐요", "진짜 재밌네요" 등의 호응이 필요합니다.

그 자리에 없는 사람을 칭찬하는 것도 좋은 방법입니다. 뇌는 주어를 인식하지 못해서 이야기를 듣는 사람도 덩달아 칭찬받는 기분을 느끼기 때문입니다. 상대방은 흐뭇한 웃음을 전염시키는 당신에게 호감을 느낄 게 분명합니다.

02

긴장되는 상대에게 자기소개를 할 때

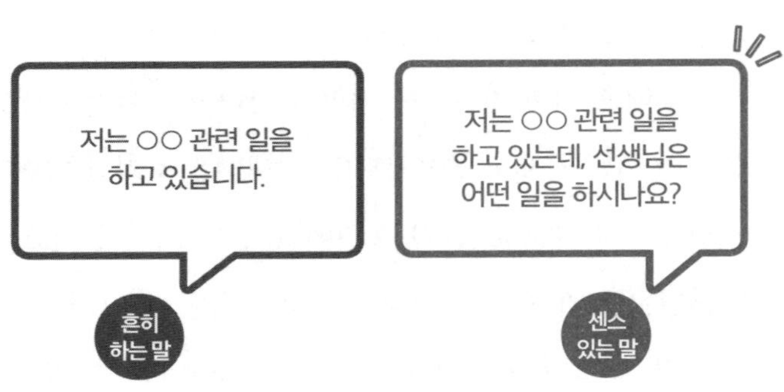

처음 만나는 사람에게 어떻게 자기소개를 하는지 떠올려봅시다.

자기소개의 목적은 자신에 대해 알리는 것입니다.

안타깝게도 대부분의 사람들은 자기 외에는 관심이 없기 때문에 상대의 소개에 귀를 기울이지 않습니다.

그래서 저는 '전달하고 싶은 말을 상대방에게 질문하는 형식의 자기소개'를 추천합니다.

예를 들어 직업이나 판매하는 상품을 어필하고 싶다

면 "저는 ○○ 일을 하고 있는데, 선생님은 어떤 일을 하시나요?", "어떤 상품을 주로 취급하시나요? 저는 ○○을 취급하고 있어요" 하는 식으로 자기소개에 질문을 섞는 것입니다. 상대방에게 질문해 호감을 표현하면서 동시에 자신이 전달하고자 하는 정보를 슬며시 흘리는 것이지요.

그러면 상대는 열심히 자신에 대해 이야기하다가도 '그러고 보니 이 사람 직업은 ○○이었지?' 하는 기억이 뇌리에 남게 됩니다.

이는 잠재의식 효과Subliminal effect(찰나에 노출되는 자극이 잠재의식에 영향을 미치는 것 – 옮긴이)를 이용해 당신에 관한 정보를 무의식중에 인식하게 만드는 방법입니다.

03

스몰 토크를 잘 이어가고 싶을 때

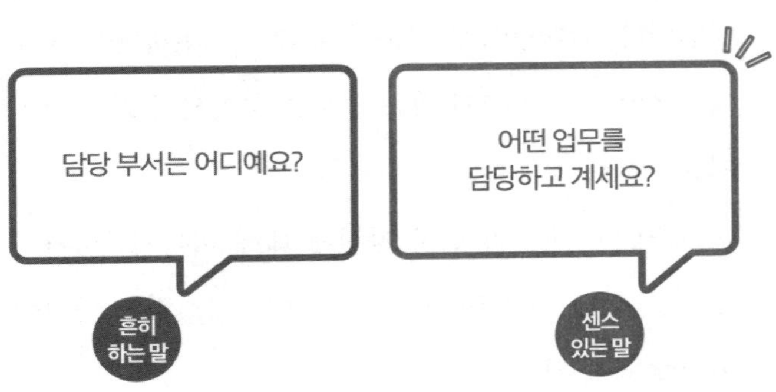

아무리 많은 질문을 던져도 대화가 좀처럼 이어지지 않나요? 그렇다면 질문 방법이 잘못된 것일 수도 있습니다. 질문 방법을 바꿔봅시다.

질문에는 두 가지 종류가 있습니다. 바로 대답이 제한되는 클로즈드 퀘스천closed question과 자유롭게 대답할 수 있는 오픈 퀘스천open question입니다.

예를 들어 "전에는 영업을 담당하셨다고요?"는 클로즈드 퀘스천이고, "전에는 영업을 하셨다고 들었는데,

주로 어떤 일을 맡으셨어요?"는 오픈 퀘스천입니다. 이야기를 이어나가고 싶을 때는 우선 자유롭게 대답할 수 있는 오픈 퀘스천을 던져봅시다. 이후 대화가 자연스러워지면 상대방이 쉽게 답할 수 있는 클로즈드 퀘스천으로 전환합니다.

그다음에는 상대방 머릿속을 정리해주는 질문을 합니다. 현장 검증식 청취 조사입니다. '피해자가 쓰러져 있던 곳이 여기입니까?', '여기에 흉기가 떨어져 있었습니까?', '혈흔은 남아 있었습니까?'처럼 명확하게 예 또는 아니오로 대답해 한 문장으로 정리할 수 있는 느낌으로 점검합니다.

우리의 머릿속은 항상 어질러져 있습니다. 이 때문에 제삼자가 하나하나씩 끄집어내주면 차츰 정리되면서 머릿속이 개운해집니다. 이후에는 정리를 도와준 이와 계속 이야기하고 싶어지겠죠. 멋진 대화의 시간을 선물받았다고 느낄 테니까요.

04

상대의 변화를 칭찬하고 싶을 때

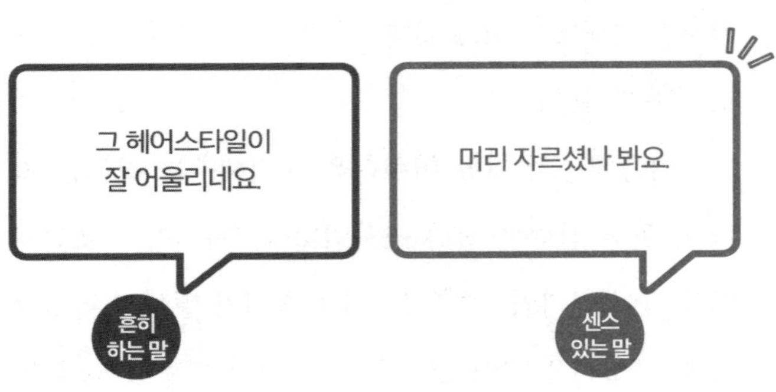

프랑스에 살던 때의 일입니다. 길을 걷다가 낯선 이에게서 "입고 계신 옷이 어디 브랜드인가요? 어디서 샀어요?"라는 질문을 받았습니다. 그날은 어쩐지 온종일 기분이 좋더군요. 아직도 그 옷을 입을 때마다 그때 생각이 나서 흐뭇해집니다. 그 이유를 곰곰이 생각해보니 질문은 받았지만 평가는 받지 않았기 때문인 것 같습니다. 평가하지 않는 말은 동료나 친구와 커뮤니케이션을 할 때도 활용할 만한 좋은 방법입니다.

핵심은 '사실만을 전달'하는 데 있습니다.

"헤어스타일이 잘 어울려요"와 "머리 자르셨네요?"는 어떻게 다를까요? 전자는 평가하는 말이고, 후자는 사실을 나열하는 말입니다. 평가에는 상하관계가 생깁니다. 잘 어울린다거나 귀엽다는 말에는 상대방의 외모에 대한 인상이 들어가 있습니다. 같은 의미임에도 "머리 자르셨나봐요"로 말을 걸었을 때는 "알아봐주었네요? 어제 잘랐어요"라며 기뻐하는 대답이 돌아올 확률이 큽니다. "일찍 출근하셨네요?", "대신 정리해주셨군요?", "저 대신 세 번이나 거래처에 연락을 해주셨다고요?" 같은 말들도 마찬가지입니다. 모두 평가 없이 사실을 전달한 것뿐이지만 듣는 상대방은 분명 '알아봐주어 고맙다'고 생각해 기분이 좋아질 겁니다.

심리학자인 알프레드 아들러Alfred Adler는 "칭찬을 받으면 더 많은 칭찬을 원하게 되고, 자립심이 손상되어 의존적인 성격이 된다"고 말합니다. 사람을 성장시키는 데에는 '위에서 평가하고 칭찬하는 것'보다 '옆에서 용기를 북돋아주는 것'이 더 효과적이라는 뜻입니다.

05

소원해진 사람에게 가볍게 연락하고 싶을 때

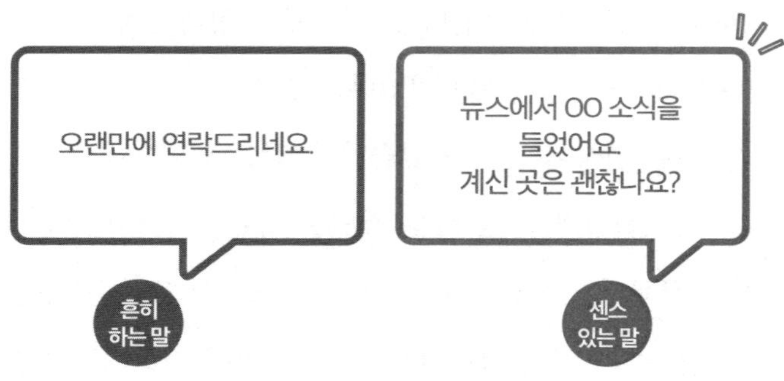

한동안 연락이 뜸했던 사람과 다시 관계를 이어나가고 싶거나 가까워지고 싶을 때가 있습니다. 요즘에는 SNS 덕분에 이런 바람을 쉽게 이룰 수 있는 시대가 되었습니다.

"잘 지내세요?"

"어쩐 일이야? 무슨 일 있어?"

"어쩌다 ○○ 씨 이야기가 나와서요. 어떻게 지내시나 궁금해서 연락해봤어요."

이런 대화도 자연스럽지만 더 가볍게 연락할 수는 없을까요? 저만의 방법을 소개합니다.

저는 새로운 사람의 연락처를 저장할 때마다 그의 직업이나 고향, 가족관계 등을 간단하게 메모해둡니다. 예를 들면 이런 식입니다. 야마다 다로/아이치현 출신/교토 거주 중/핸드볼/맛집.

그리고 "아이치현에 큰 지진" 같은 뉴스가 나오면 메모장에서 해당 지역을 검색해보죠. 그 지역 사람에게 "지진이 난 모양인데, 계신 곳은 괜찮으세요?"라고 메시지를 보냅니다. 그러면 대부분 "저는 괜찮아요. 일부러 연락주셔서 감사합니다. 오랜만에 선생님의 연락을 받으니 기쁘네요" 같은 답이 옵니다. 자연재해뿐 아니라 맛집, 이벤트, 스포츠, 취미 등 상대에 관한 정보와 마주하면 뭐든지 연락을 보내고, 이후 돌아오는 반응을 즐깁니다. 이런 일이 반복되다 보면 '당신에게 관심이 있습니다'라는 마음이 전달될 것입니다.

06

관계를 유지하고 싶을 때

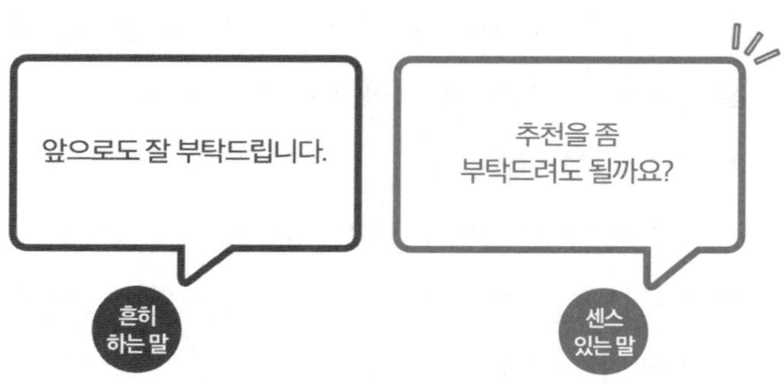

SNS에 "운이 좋아지게 만드는 습관"이라는 제목으로 떠돌아다니는 글이 있습니다. 내용은 다음과 같습니다.

"아침에 일어나 집 밖으로 나가자마자 가장 먼저 눈에 띄는 쓰레기를 주울 것. 쓰레기가 두 개 떨어져 있다면 둘 중에 하나만이라도 반드시 주울 것. 그리고 아는 사람이든 아니든 그날 처음 만난 사람에게 반드시 인사를 건넬 것."

기본적으로 커뮤니케이션은 인사로 시작됩니다. 안면을 튼 후 더 가까워지려면 어떤 계기가 필요합니다. 물론 특별한 계기를 찾기는 쉽지 않지요. 그럴 때 쓸 수 있는 커뮤니케이션 기술이 바로 '부탁하기'입니다. 사소해 보일지 모르지만 효과는 확실합니다.

모처럼 만난 뒤에 "다음번에 또 부탁드리겠습니다"라고 말한다 한들 실제로 다음에 만날 일은 거의 없습니다. 그럴 때는 '작은 빚'을 지면 됩니다. 맛집을 추천받는다든지, 스마트폰 충전기를 잠깐 빌린다든지, 좋아하는 영화나 상품, 관련 구매 사이트를 소개해달라고 하는 등 상대에게 폐가 되지 않는 수준에서 간단한 부탁을 하는 것입니다. 상대가 흔쾌히 들어주었다면 이번에는 당신이 보답할 차례입니다. "지난번에는 감사했습니다. 추천해주신 그 가게에 저도 다녀왔어요!"라고 한 뒤에 "이건 감사해서 드리는 거예요" 하며 작은 선물을 건넵니다. 이렇게 관계를 이어가는 것이지요.

07

모임에서 인사 후 할 말이 없을 때

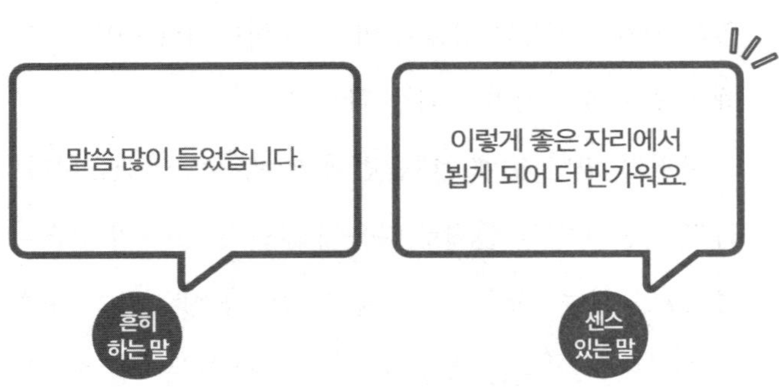

사교 모임 또는 스탠딩 파티에 참석해본 적 있나요? 생각보다 낯선 사람들 사이에서 원활하게 대화한다는 게 쉬운 일이 아닙니다. 은근히 적응하기 힘들죠.

인간은 안심할 수 있는 일, 자신 있는 일, 할 줄 아는 일을 우선시하는 경향이 강합니다. 그래서 어디에 있든, 어디로 이동하든 크게 상관없는 스탠딩 파티에서 어색함을 피해 도망치는 사람이 종종 있습니다. 하지만 어색함이 불편하다고 만남과 대화를 꺼린다면 파티에 온 의미가 없어집니다. 안심할 수 있는 일만 우선하는 욕구만 따르다 보면 현상 유지에서 벗어날 수 없습니다. 우리는 안심할 수 없고, 자신 없고, 어떻게 해야 할지 방법을 모르는 때 오히려 성장합니다. 바로 '자신의 안전지대'를 벗어날 때 말입니다.

낯선 사람을 만나는 모임과 파티 역시 자신의 안전지대를 벗어나 나를 성장하게 만드는 기회가 될 수 있습니다. 한동안 교류하지 못했던 사람과 다시 만나 친목을 다지거나 다른 이에게 지인을 소개할 수 있는 자리가 될 수도 있지요.

그러니 어색하고 긴장돼 불편하다는 생각보다는 새로운 세계를 만나는 절호의 기회라고 생각합시다. 적극적으로 사람들과 교류하며 정보를 얻고 인맥을 만듭시다.

단, 초면인 사람과 대화를 할 때는 섬세해야 합니다. 너무 담백한 인사는 인상을 남기지 못할 수 있어요. 부담스럽지 않을 정도로 긍정적인 감정을 담아 전달해봅시다. 이를테면 "이렇게 뵙게 되니 영광입니다" 또는 "이렇게 좋은 자리에서 만나게 되니 더 반가워요."

08

자기소개를 할 때

어떤 커뮤니케이션이든 70퍼센트만 보여주는 것이 좋습니다.

지나치게 자신을 포장하기보다는 겸허함과 차분함을 보여주는 편이 좀 더 신뢰감을 줍니다. 다르게 말하면 약간 힘을 빼라는 의미입니다. 말하는 속도든, 목소리 크기든, 정보량이든, 자기소개든 70퍼센트만 드러내는 것이 적당합니다. 사소한 차이여도 받아들이는 이에게는 굉장히 세련되게 보일 것입니다.

예를 들어 직업에 관한 질문에 "사업체 대표입니다. 직원이 수십 명쯤 되죠"라고 말하는 사람보다는 "작은 사업을 운영하고 있습니다"라고 말하는 사람이 더 거물이라는 느낌이 듭니다. 마찬가지로 "모델이에요. 텔레비전에 자주 나와요"라고 말하는 이보다는 "모델로 활동하고 있습니다" 정도로 겸손하게 말하는 이에게 더 신뢰감을 느끼죠.

자기 일을 과대 포장하지 않고 겸손해하는 사람은 꽤 근사한 위치에 있다는 인상을 줍니다.

겸양을 보이는 이의 태도는 그만큼 상대의 흥미를 끌 뿐 아니라 '성실한 사람이다'라는 신뢰감도 줍니다. '사실 대단한 사람 아닐까?' 하는 상상의 나래를 펼치게 하기에 관심을 집중시키죠.

09

초면인 사람과 이야기할 때

누구나 '인정받고 싶다', '존경받고 싶다', '제 몫을 하는 사람이라는 평가를 받고 싶다'라는 조급함에 무작정 자신을 어필해본 경험이 있을 것입니다. 그런데 조지메이슨대학교의 심리학자 토드 카시단Todd Kashdan의 실험 결과를 보면 이런 태도를 반성하게 될 겁니다.

연구자가 초면인 실험 참가자(피실험자)와 5분 동안 대화를 나눕니다. 이때 상대방과의 공통점보다는 차이점에 관심을 보이며 겸손한 자세로 계속해서 경청합니다.

대화가 끝난 뒤 참가자에게 연구자에 대한 인상을 물었습니다. 그랬더니 '자신감이 충만하다', '에너지가 넘쳤다' 등 호의적인 인상을 받았다고 응답했습니다.

벼는 익을수록 고개를 숙입니다. 인정받고, 존경받고, 제 몫을 하는 사람일수록 자기 이야기를 하기보다는 상대를 높여주려고 노력합니다.

흔히 겸손한 사람들에게는 다음과 같은 아홉 가지 특징이 있습니다.

1. 자기 이야기를 별로 하지 않는다.
2. 고개를 숙여야 할 때 주저하지 않는다.
3. 안 좋은 일이 일어났을 때 남 탓을 하지 않는다.
4. 항상 자신보다는 남을 우선으로 한다.
5. 기본적으로 참을성이 강하다.
6. 사실은 자존심이 세다.
7. 보답을 바라지 않는다.
8. 때로는 지나치게 겸손해서 완고해 보인다.
9. 누구나 조금씩 손해를 본다는 사실을 자각하고 있다.

10

나이 어린 사람과 친해지고 싶을 때

나이가 어린 사람에게 "몇 살이에요? 세상에! 진짜 젊다!"라고 말하는 것은 칭찬이 아닙니다. 생각해봅시다. 누구나 과거에 어른에게 이런 말을 듣고 씁쓸해했던 경험이 있을 것입니다. 젊다는 말이 칭찬으로 들리지도 않을뿐더러 세대 차이만 더 크게 느끼게 하죠.

나이 어린 사람과 마음의 거리를 좁히는 데 유용한 질문이 있습니다. 바로 "동갑내기 유명인으로는 누가 있어요?"입니다. 배우, 운동선수, 아티스트, 아이돌 등 아는 이름이 나오면 "유명한 사람이 많이 태어난 해네요"라는 말을 덧붙입니다. 그것만으로도 상대방은 기분이 좋아지고 괜히 뿌듯해할지도 모릅니다. 만약 당신이 모르는 인물들이 언급되었다면 누구인지 질문해보세요. 그러면 상대방 나이대를 깊이 알 기회를 얻게 되겠지요.

만일 상대방이 "나이를 먹으면 어때요?"라고 묻는다면 어떤 식으로 대답하면 좋을까요? 저는 이런 식으로 답합니다.

'20대에는 30대가 되는 게 조금 두려웠는데, 막상 30대가 되니 변하는 것은 아무것도 없었다. 40대에는 부모의 나이가 70대, 자식의 나이가 10세 전후이다 보니 부모의 병간호와 아이의 진로 문제로 고민이 많았다. 50대가 되어서야 비로소 지난 인생을 돌아보았던 것 같다. 그러면서 남은 인생을 더 소중하게 여기게 되었다. 지금까지도 즐거웠지만, 앞으로 어떤 풍경을 보게 될지 아주 기대된다.'

11

나이 많은 사람과 친해지고 싶을 때

연장자와 커뮤니케이션을 하는 훌륭한 방법이 있습니다. 바로 이 질문을 던지는 것이지요. "선생님의 학창 시절에는 어떤 게 유행했나요?"

어떤 영화, 음악, 패션이 인기 있었는지, 주로 어디에서 놀았는지, 수학여행은 어디로 갔는지 등의 질문은 답변자를 그 시대로 데려가는 '타임머신'입니다. "뭐가 있었더라?" 하며 상대가 천장을 잠시 바라보면 곧이어 반짝거리는 정보가 쏟아질 것입니다. "영화 〈2001 스페이스 오디세이〉를 보고 충격을 받았지"라고 한다면 곧바로 "저도 오늘 밤에 찾아볼게요!" 하고 대답할 수 있습니다. 이후에는 "그 영화가 마음에 든다면 〈그랑블루〉도 좋아할 걸세", "〈블레이드 러너〉도 보면 괜찮겠군", "〈베티 블루〉도 훌륭한 영화지" 하며 정보가 홍수처럼 쏟아지겠지요. 요즘에는 각종 동영상 서비스를 편리하게 이용할 수 있는 시대인데다가 스마트폰으로 검색해서 원하는 정보를 바로 확인할 수 있습니다. 자신이 건넨 정보를 경청하며 검색까지 하는 모습을 본 상대방은 마음을 열 수밖에 없죠. "그 시절에는 블루스에 빠져 있었지", "〈Maxwell's Urban Hang Suite〉는 지금 들어도 새롭다니까?", "샤데이 아두에게 내 청춘을 다 바쳤는데" 하는 상대 앞에서 스마트폰을 꺼내 "이 곡이에요?"라는 말과 함께 재생 버튼을 눌러도 좋겠지요.

학교에서는 배울 수 없는 '그 시대의 정보'를 모으는 중이라고 즐기며 상대의 이야기를 경청해보세요. 어쩌면 뜻밖의 아이디어나 관심사를 얻게 될지도 모릅니다.

12

새로운 팀원을 맞이하게 됐을 때

일의 퀄리티는 개인의 능력보다 함께 일하는 사람과의 신뢰관계가 결정합니다. 그리고 뛰어난 선수만 모이는 팀보다는 같은 목표를 향해 협업할 수 있는 팀으로 싸우는 편이 더 강합니다.

구글 재팬은 채용 시험 마지막에 '에어포트 테스트 Airport Test'를 거친다고 합니다. '이 사람과 함께 공항에서 하룻밤 갇힌다면 견딜 수 있을까'를 자문자답해보고 '그렇다'라고 판단한 사람만 채용하는 것이지요. 그만큼 동료 의식을 중요하게 생각한다는 사실을 알 수 있습니다.

새로운 팀원을 만나게 되었습니까? 일을 시작하기 전에 그와 신뢰 관계를 구축하고 싶은가요? 그렇다면 우선 술자리를 권하는 것도 괜찮은 방법입니다.

이보다 더 좋은 방법으로 함께 독특한 경험을 공유하는 것을 권합니다. '독특한' 경험이라고 해서 아주 거창한 것을 이야기하는 것은 아닙니다. 회사 근처 방송에 나올 만큼 유명한 맛집이지만 아직 가본 적 없는 식당이나 카페를 함께 가는 것, 처음 접하는 활동을 함께 체험하는 것만으로도 충분합니다. "정말 맛있었죠?", "정말 엄청났어요", "다른 사람들은 말해도 모르겠죠?" 하는 감상을 나누다 보면 단숨에 마음의 거리가 가까워질 것입니다.

13

존경하는 선배에게 가르침을 받고 싶을 때

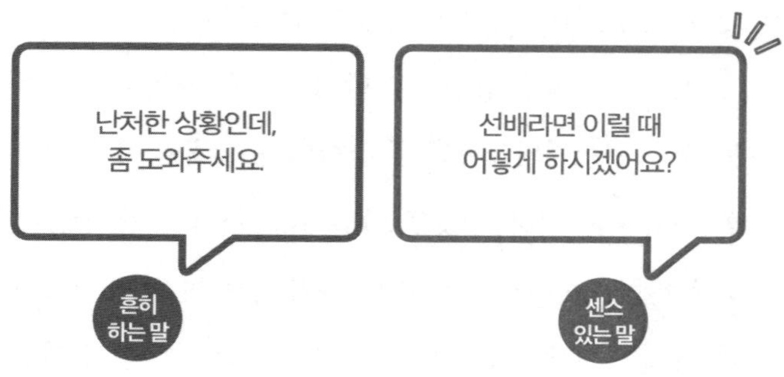

문득 정신을 차려보면 걱정거리만 한 보따리 늘어놓고 있을 때가 있습니다. "이직이 생각처럼 잘 안 풀려요", "상사한테 욕을 먹고 있어요" 등 한번 한 불평은 계속해서 이어지죠. 이런 행동은 내 입만 아플 뿐 문제를 해결하는 데 아무런 도움이 되지 않습니다.

부정적이고 무거운 마음으로 상담을 하면 듣는 사람도 그 에너지를 고스란히 전달받습니다.

흔히 '저는 노력하고 있어요'라고 어필하기 위해 선

배에게 상담을 요청하는 후배들이 있는데요. 대선배의 눈에는 단순히 문제 해결 능력이 없는 후배로 비치기도 하기 때문에 저는 이런 행동을 추천하지 않습니다. 존경하는 사람에게 힌트를 얻고자 한다면 당신의 문제를 얼마나 가볍게 가공해서 선배에게 전달하느냐가 중요합니다.

예컨대 "선배라면 이럴 때 어떻게 하시겠어요?"라고 운을 뗀 뒤에 사례 연구나 퀴즈처럼 상담 내용을 꺼내는 것입니다. 이때 선배의 답에 무겁게 반응하거나 아무 대답도 하지 않으면 안 됩니다. "그런 방법이 있었군요!", "선배의 말처럼 하면 일이 쉽게 해결되겠네요" 등 밝고 편안하게 반응하면 좋은 해결책을 얻을 수 있습니다.

더 나아가 "오늘 선배에게 상담하기를 잘했어요! 덕분에 마음이 가벼워졌어요" 하며 밝게 감사의 마음을 전하면 선배도 스스로 뿌듯함을 느끼게 될 것입니다. 그러면 "언제든지 상담하러 와" 하며 자연스럽게 다음 상담도 수락해줄 수 있겠죠.

14

여럿이 모인 자리에서 자꾸 정적이 흐를 때

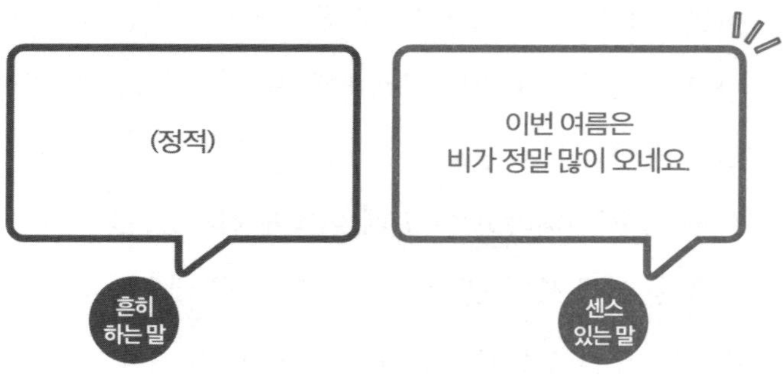

여러 명이 함께 모여 대화를 나누는 일이 종종 있습니다. 그런데 대화를 나누는 멤버가 모두 잘 아는 사이가 아니라면 대화 중에 자주 정적이 흐르곤 합니다. 일부만 아는 이야기 주제를 꺼내자니, 그 주제를 모르는 사람이 소외감을 느낄 수 있을 것 같고, 미묘하게 신경을 쓰게 되지요.

여럿이 함께 대화하는 자리에서 중요한 것은 다같이 어울릴 수 있는 분위기를 만드는 것, 만약 아직은 서먹

한 사람들이 모인 자리라면 날씨와 같이 모두가 아는 주제를 꺼내는 것을 권합니다. 다소 뻔한 화제이긴 하지만, 적어도 전체 분위기를 어색하게 만들거나 다운시키지 않을 수 있습니다.

"이번 여름은 비가 정말 자주 오네요", "작년보다도 더 자주 오는 거 같아요", "오전은 맑다가도, 오후에 갑자기 비가 쏟아지기도 하더라고요", "며칠 전에 우산도 없이 미팅을 나갔다가 돌아오는 길에 된통 비를 맞은 적도 있어요" 등의 대화를 나눌 수 있을 것입니다.

만약 일부만 아는 이야기를 하게 되더라도 방법은 있습니다. 그 주제를 모르는 사람에게 배경지식을 설명해 주면 됩니다.

"그때 만났던 ○○ 씨가 말이야…… 아, ○○ 씨는 자주 만나는 거래처 사람이에요. 되게 사교성이 좋아서 종종 개인적인 이야기도 하는데요……" 하는 식으로 말입니다. 동석한 사람들이 조금이라도 이야기 주제에 대해 이해할 수 있도록 배려해서 설명하면 좋은 분위기를 유지할 수 있습니다.

15

'지금 바빠서 시간 내기 어렵다'는 말을 들었을 때

인간관계에서 초조함은 금물입니다. 지나치게 요구하면 상대는 멀어지게 되어 있습니다. 공적인 일에서든 사적인 일에서든 마찬가지입니다. 무리하게 붙잡으려다가 자칫하면 그게 마지막 만남이 될지도 모릅니다.

회사에서 영업을 맡고 있는 사람이라면 이것을 더 잘 알고 계실지도 모르겠네요. 조금 더 밀어붙이면 원하는 바를 성사시킬 수 있겠다는 생각에 상대방을 푸시했는데 아예 일을 그르치게 된 경험이 있는 분들 말입니다.

"지금 정신없이 바빠서요. 다음번에 와주시겠어요?" 하는 거절의 말을 들었을 때는 상대방이 맥이 빠질 정도로 딱 잘라 "알겠습니다. 그러면 다음에 다시 방문드리겠습니다" 하고 물러납시다.

인간관계의 거리는 이야기한 시간이 아니라 만남의 횟수로 좁힐 수 있습니다.

따라서 상대방이 나에게 관심을 가져줄 때까지 "근처를 지나다가 우연히 들렀어요" 하며 몇 번이고 만나러 가는 게 선행되어야 합니다. 그래도 거절당한다면 "다시 올게요" 하고 깔끔하게 물러섭시다.

계속해서 얼굴을 비추다 보면 점차 당신의 존재감이 커질 겁니다. 인연이라면 반드시 이어집니다. 그렇게 믿고 관계를 천천히 쌓아나가는 편이 낫습니다.

16

가게 점원을 대할 때, 만족스러운 서비스를 받았을 때

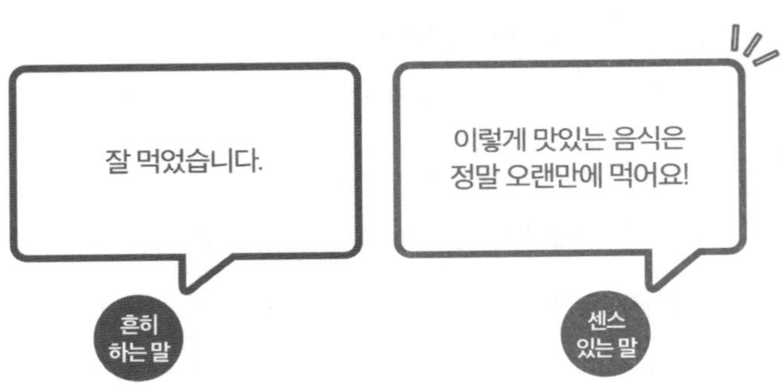

종종 방문했던 가게에서 대단히 만족스러운 서비스를 받을 때, 마음에 드는 가게를 발견했을 때가 있습니다. 그럴 때는 그 만족스러움을 전해봅시다.

"정말 맛있었어요", "제 블로그에 후기를 올려도 될까요?", "좋은 가게라고 들었는데 정말이었어요", "다음에 친구들 데리고 또 올게요", "이렇게 만족스럽게 외식하기는 정말 오랜만이에요" 등.

사소한 말 한마디일지 모르지만, 말하는 사람도 듣는

사람도 굉장히 기분이 좋아지는 말입니다. 또는 그 한마디를 계기로 가게 직원과 친해지게 되기도 합니다. 한번 안면을 트게 되면 다음번에 방문했을 때 먼저 인사를 건네주거나 예약을 우선적으로 잡아줄 수도 있습니다.

그때 동석한 사람이 있다면 잘 모르는 사람에게도 만족스러움과 고마움을 전하는 여러분의 모습을 보고 긍정적인 인상을 받거나 호감을 느낄 수 있습니다.

무엇보다도 저는 말이 주는 힘을 믿습니다. '맛있다' 하고 속으로만 만족스러운 기분을 느끼기보다는 "정말 맛있죠?" 하고 함께 식사하는 사람에게 말하면 만족스러운 기분이 배가 되는 걸 떠올려보세요. 긍정적인 말을 많이 하고 나눌수록 긍정적인 에너지를 많이 받을 수 있습니다.

여러분의 말 한마디로 타인에게 기분 좋은 순간을 선사해보세요.

17

인사를 해야 할까 말까 애매한 상황일 때

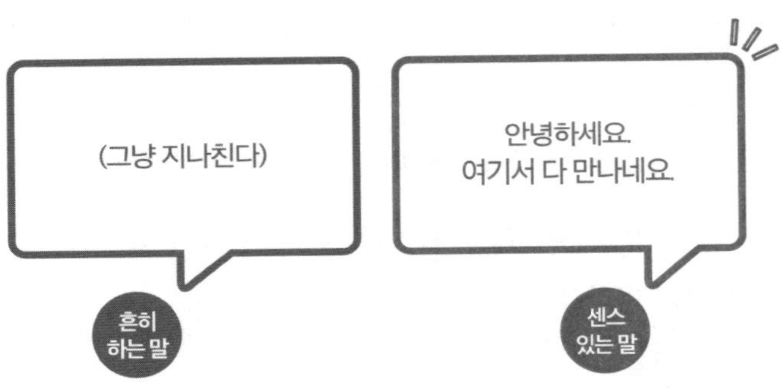

사람들이 여럿이 모인 대형 행사장에서 지인을 만났을 때, 가깝지 않지만 멀지도 않은 거리에 있는 지인을 발견했을 때, 복도에서 바삐 걸어가고 있는데 방금 지나친 사람이 동료였다는 걸 깨달았을 때 등 인사하기 애매한 순간이 한 번씩 있지 않습니까?

고민하다가 못 본 척 지나치는 사람도 많을 것입니다. 딱 눈이 마주친 상황도 아니고, 상대가 나를 발견하지 못한 상황인 것 같은데 일부러 아는 척해서 인사해야 할까, 쉽사리 아는 척하지 못하고 어물쩍거리다가 타이밍을 놓칠 때도 많을 것입니다. 내성적인 사람이라면 더더욱 애매한 상황에서 아는 사람을 만나면 피하고 싶을 겁니다.

하지만 용기를 내 인사를 해봅시다.

“어라, 안녕하세요”, “여기서 다 뵙네요”, “오랜만이죠?” 상대가 나를 봤을까, 보지 못했을까 생각하지 말고 우선 먼저 말을 걸어봅시다.

인사는 상대에게 호감을 주는 가장 쉬운 방법입니다. 특히 애매한 상황에서 애써 건네는 인사에 상대는 자신의 존재를 누군가 알아준다는 느낌을 받습니다. ‘저 사람에게 나는 소중한 사람이야’, ‘저 사람이 내게 어필하는구나’ 등 인사 하나로 상대의 자존감을 높일 수도 있습니다.

무엇보다 인사는 관계를 넓히는 최고의 방법입니다. 지나치며 하는 인사로 상대에게 눈도장을 찍을 수도 있고 다른 사람을 소개받을 수 있습니다. 작은 날갯짓이지만 이로써 여러분의 세계를 더 크게 넓힐 수 있는 것이지요.

2장

대답 / 반응

어떻게 말해야 상대가 기분 좋게 리액션할 수 있을까

대화에 리허설은 없습니다.
짧은 순간에 어떤 대답을 하는지
어떤 반응을 보이는지에 따라
사람으로서의 역량을 평가받기도 합니다.
괜찮은 리액션을
반사적으로 할 수 있도록 머릿속에 익혀둡시다.

18

소소한 부탁을 수락할 때

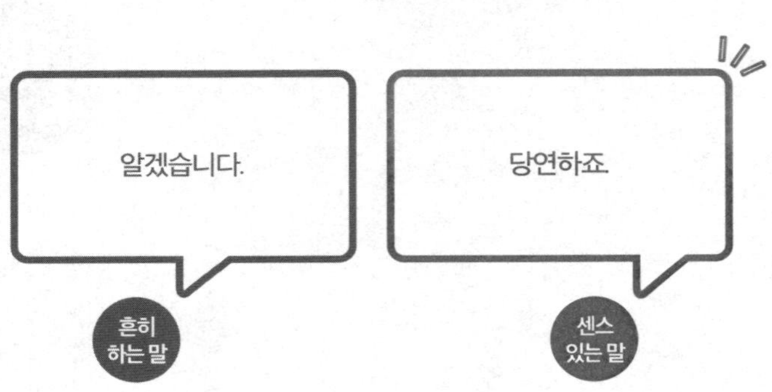

사소하지만 '멋지다', '마음이 편해진다', '상냥하다'라는 느낌을 주는 말이 있습니다.

저는 괜찮은 사람들이 그런 근사한 말을 건넬 때마다 남몰래 기록해두었습니다. 한번은 비행기 승무원이 이런 말을 건네었습니다.

제가 "죄송한데요, 커피 좀 주실 수 있을까요?"라고 물었더니 "당연하죠"라는 대답이 돌아왔습니다. 망설임 없는 대답에 저는 잠시 멍해졌습니다. 살면서 '당연'이라는 단어를 쓴 적이 거의 없다는 사실을 깨달았기 때문입니다.

'알겠습니다', '가져다 드릴게요'도 수락의 의미이지만 전달 방법은 전혀 다릅니다. 저도 다른 사람의 부탁 앞에 "당연하죠!", "물론이죠!"라고 흔쾌히 말할 수 있는 사람이 되어야겠다 싶었습니다.

제가 잘 아는 지인이 이런 이야기를 들려준 적이 있습니다. 지인은 몇 년간 고군분투하며 운영해온 가게를 접어야 하는 상황이었다고 합니다. 그때 가게를 정리할 인부를 부를 돈이 없어 친구에게 부탁했습니다. 몇 년간 장사하느라 제대로 만나지 못했던 터라 조심스럽게 메시지로 연락했지요. '○○아 오랜만이지. 가게에 일이 있어 그런데 주말에 도와줄 수 있어?'

그런데 몇 초 만에 돌아온 답, '물론이지. 어디로 가면 돼?'

지인은 어떤 일인지 설명을 듣기도 전에 흔쾌히 부탁을 수락하는 친구의 메시지를 보고 감동했다고 합니다. 사소한 한마디일지 모르겠어요. 하지만 지인은 자신을 위해주는 친구의 메시지에서 다시 일어날 큰 힘을 얻었습니다.

이처럼 소소한 부탁을 수락하는 일이 때로는 누군가에게 큰 힘이 될 수 있습니다.

상대가 갑자기 의견을 요구할 때

갑자기 상대방이 "○○에 대해서 알려주시겠어요?" 하고 의견을 물을 때가 있습니다. 이때 '공백을 메우고 싶어 하는 뇌'의 성질을 이용해 대답하면 좋습니다.

일단 "거기에는 세 가지가 있습니다"라고 말합니다.

실제로 세 가지가 있어서 그렇게 말하는 것이 아닙니다. 일단 하나를 이야기하면 뇌가 알아서 적확하게 검색해 답을 찾아줄 것이기 때문에 이렇게 말하는 것입니다.

예를 들어 "다이어트 비법을 알려주세요"라는 질문

을 받으면 즉시 "다이어트에는 세 가지가 중요합니다" 라고 말합니다. "첫 번째는 균형 잡힌 식사입니다. 먹어서는 안 되는 음식에는 손을 대지 않아야 합니다. 두 번째는……" 하고 이야기를 이어나갑니다.

분명 "두 번째는 '적절한 운동'입니다. 하지만 다이어트를 위해 특별히 뭔가를 시작하지는 마세요. 갑자기 세운 결심은 오래가지 못합니다. 그저 지금보다 조금만 더 움직이는 것입니다. 그런 감각이 중요하지요." 이쯤 이야기하면 머릿속은 이미 세 번째에 무엇을 이야기할지 생각하고 있을 것입니다.

어떤 의미에서 이는 직감을 믿는 방법입니다. 스스로도 놀라면서 동시에 생각지 못한 자신의 성장을 확인할 수 있지요.

뇌는 참 재미있습니다. 질문을 하면 금방 생각하기 시작합니다. '어떻게 하면 내일을 최고의 날로 만들 수 있을까?'라고 물으면 이미 그에 대한 대답이 슬며시 고개를 내밀 것입니다.

20

제안을 부정당하거나 거절당했을 때

프레젠테이션이나 영업을 비롯해 온갖 비즈니스 제안에는 '이 점이 안 좋다', '이 부분이 부족해서 아쉽다', '여력이 안 되어 도와줄 수가 없다'라는 식의 부정적인 의견이 따라오게 마련입니다.

다른 사람의 부정적인 반응을 받으면 자신도 무의식중에 부정적으로 받아들이기 쉽습니다.

그렇다고 프레젠테이션을 선보이는 자리에서 반론하면 할수록 설득은커녕 실패에 가까워질 겁니다.

그래서 저는 프레젠테이션을 할 때마다 '부정은 명확한 조언이다'라고 생각하며 마음을 다잡습니다.

어떤 내용이라도, 설령 상대의 부정이 오해에서 비롯된 것이라 해도, 피드백을 들으면 "그렇군요!", "제가 한 수 배웠습니다", "메모를 좀 해도 될까요?", "감사합니다!" 하고 긍정적으로 반응합시다.

그렇게 부정적인 반응을 그러모으는 모습을 보여줍시다. 부정적인 의견을 낼 때 상대는 당신이 어느 정도는 반론하리라 예상하고 있었을 겁니다. 그렇기 때문에 그 의외의 반응에 '이 사람 생각보다 괜찮네' 하는 인상을 받겠지요. 그 반응이 다음 기회로 연결됩니다.

21

상대방이 몇 번이고 확인할 때

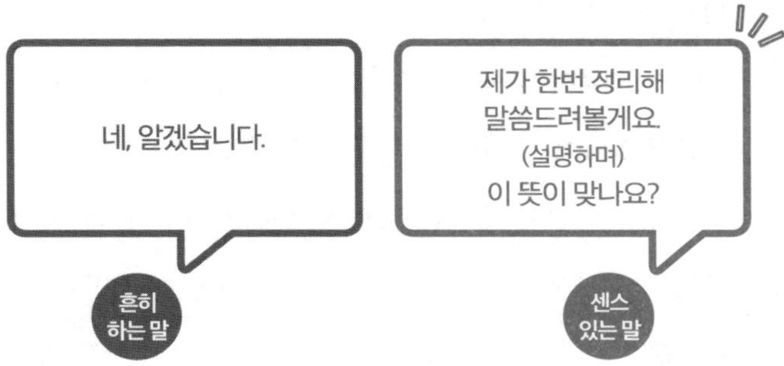

당신은 이미 받은 지시를 이해하고 승낙했습니다.

그런데 그 뒤로 몇 번이나 "괜찮겠어요?", "무슨 말인지 알았어요?" 하며 거듭 확인하는 연락이 옵니다. 그러면 '내가 그렇게 불안하고 못 미더운가? 내 대답이 시원치 않았나? 아니면 그냥 노파심인가?' 등 온갖 생각이 들겠죠. 상대가 자꾸만 확인하는 이유야 어찌 되었든 지시자를 불안하게 만들면 안 됩니다.

그럴 때 추천하고 싶은 방법이 '복창'입니다. 이야기

를 듣고 나서 "알겠습니다"로 끝낼 것이 아니라 "다시 한번 확인할게요"라는 말을 덧붙여봅시다. "이렇게 하라는 뜻으로 알아들었는데, 맞나요?"라고 말하면 상대방은 분명 만족할 겁니다.

저는 지금까지 수많은 강연을 해왔습니다. 30여 년간 연간 200회 내외의 강연을 진행했죠. 강연마다 반응이 제각각입니다. 때로는 강연장 분위기가 침울하게 가라앉을 때도 있습니다. 그럴 때는 강연을 마치면 피로가 몰려옵니다. 주최자에게 "생각보다 분위기가 별로였네요. 죄송합니다"라는 말을 남기고 허둥지둥 강연장을 빠져나옵니다. 그런데 다음 날, '어제 강연회에 오셨던 분들이 흥분해서 잠을 못 잤다고 한다'라는 연락을 받을 때가 있습니다. '반응과 이해'가 꼭 비례하지는 않는 것 같습니다.

22

뒷담화에 휘말릴 것 같을 때

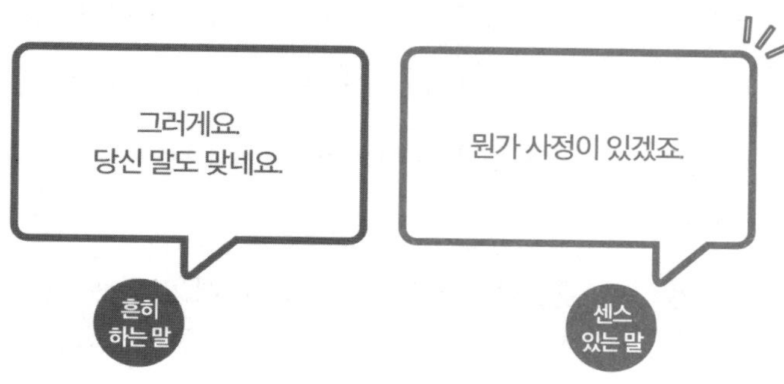

뒷담화를 즐기는 사람은 뒷담화에 무너집니다.

남에 대한 소문을 퍼트리기 좋아하는 사람은 자신에 대한 소문에도 신경을 쓰게 마련이지요.

뒷담화는 과장이 들어갈 뿐 아니라 누구나 소문의 출처가 되고 싶지 않기 때문에 반드시 누군가에게서 전해 들었다는 '꼬리표'를 달고 다닙니다. 결국 소문의 경로를 알게 되고 소문의 당사자 귀에 들어가게 되어 있습니다. 게다가 어떤 이유로든 뒷담화를 하는 사람은 상대에게 좋지 않은 인상을 남깁니다. '다른 자리에 가서도 내 험담을 할 수 있는 사람'이라는 인식을 주기 때문이죠.

저도 20대 때 다른 이들과 함께 누군가를 뒷담화한 적이 있습니다. 그때 한 선배에게서 "지금 한 이야기를 본인한테 그대로 전할 수 있어? 당사자에게도 하지 못할 이야기는 아예 입에 담지도 마"라고 호되게 혼이 났습니다.

그렇다면 뒷담화에 휘말릴 것 같을 때 어떻게 해야 할까요?

그 이후 깊이 반성한 저는 누군가가 뒷담화를 하려 하면 "그 사람도 뭔가 사정이 있겠죠" 하고 슬그머니 빠지게 되었습니다.

가끔은 듣다 보면 '그 사람 진짜 너무하네' 하는 생각이 들 때도 있지만 진실은 누구도 알 수 없습니다. 어쩌면 오해일지도 모릅니다. 만약 누가 봐도 악인인 사람이 있다면 언젠가 자신의 죄값을 알아서 받을 것입니다.

전해들은 내용만으로 사람을 판단하지 맙시다. 당신이 직접 겪어보지 못한 사람을 함부로 판단하고 단정하는 것은 타인에게도 좋지 않은 인상을 줄 뿐 아니라 자신에게도 이롭지 않습니다. 그러니 뒷담화하는 사람들이 여러분에게 맞장구를 원하는 분위기라 하더라도, 모르면 "흠, 난 잘 모르겠던데" 하고 반응합시다.

23

축하를 받을 때

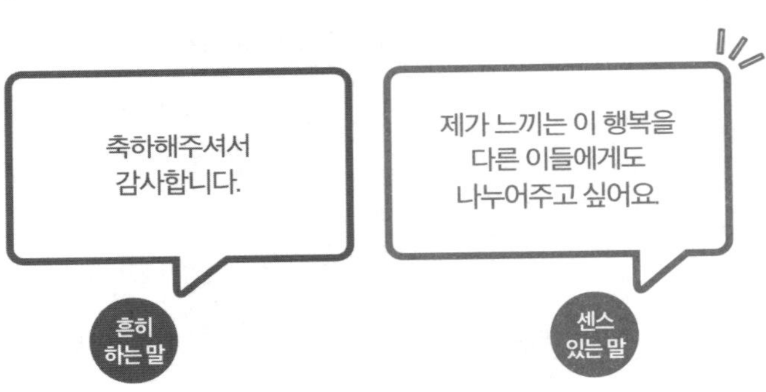

누군가에게 행복한 일이 일어나면 사람들은 시기와 질투를 느낍니다. 축하해주는 동료도, 이웃도, 같은 집에 사는 가족도 마찬가지입니다. 본인이 자각하든 자각하지 못하든 상관없이 말입니다.

《제물 찾기: 폭주하는 뇌生贄探し: 暴走する脳》라는 책에 따르면 인간의 뇌는 타인에게 정의의 심판을 내릴 때 기쁨을 느끼게 되어 있다고 합니다.

저는 이 사실을 알고 소름이 끼쳤습니다. 동료의 월

급이 늘어나면 마치 자신이 손해를 본 것 같은 기분이 들고, 그래서 어떻게 해서든 상대방을 깎아내리고 싶은 악의적인 마음과 행동이 생기는 것 역시 같은 맥락이라고 책은 말합니다.

이럴 때는 아예 대놓고 이야기하는 것이 반감을 덜 삽니다. "이걸 축하받고 싶었어요" 솔직하게 마음을 말하는 것입니다. 솔직함은 상대의 마음을 여는 열쇠입니다. 누구나 자신에게 일어난 행복한 일을 축하받고 자랑하고 싶은 마음을 갖고 있습니다. 그런 마음 너무나 잘 알죠. 그러니 "나 축하해 줘", "나 자랑 하나 해도 돼?" 자랑하고 싶은 일이 있을 때 그렇게 말해봅시다.

다른 방법도 있습니다. 행복한 일을 알릴 때 공익적인 요소를 덧붙이는 것입니다. 예를 들어 '책 100권 선물', '나무 심기', '1회당 ○○원 모금' 등의 기부도 좋고, '해안가 쓰레기 줍기', '아동 복지 센터 도우미', '무료 레슨' 등의 봉사활동도 괜찮은 방법입니다. 불특정 다수에게 도움이 되고자 하는 마음을 표현하면 타인의 '무의식적인 질투심'을 가라앉힐 수 있습니다.

24

감상을 이야기할 때

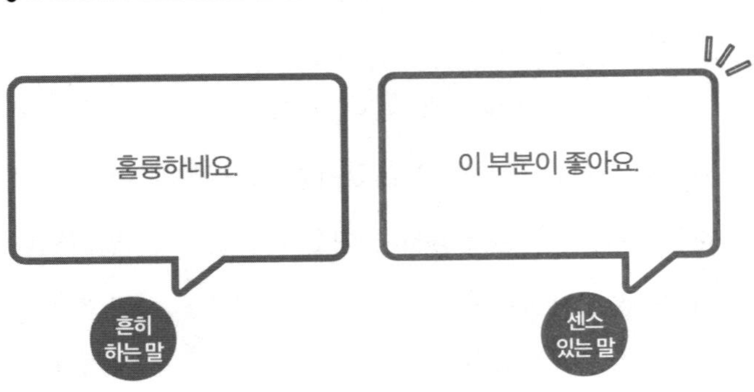

자신이 느낀 감상, 나아가 의견과 판단을 있는 그대로 전달하기는 어렵습니다. 특히 음악이나 영화, 그림 등 정답이 존재하지 않고 취향에 따라 평가가 크게 갈리는 것에 대해 이야기할 때는 더욱 그렇습니다.

작품을 분석하거나 평가하는 일은 어렵습니다. 평가 방법에 따라 창작자에게 상처를 줄 수도 있고, '뭘 모른다'고 무시당하거나 반대로 '네가 뭔데 평가하느냐'라고 분개하는 반응도 있을지 모릅니다.

따라서 감상을 전달할 때는 세련되게 표현하려고 무리하기보다는 '어디가 좋은가'를 솔직하고 구체적으로 말하는 게 낫습니다.

좋아하는 것에는 정답도 오답도 없으니까요. 또 누군가를 상처 주는 경우도 드뭅니다. 누군가와 의견이 부딪힐 일도 없고요. 무엇보다 진심이 잘 전달됩니다.

때때로 "훌륭하네요!", "잘하시네요!", "좋네요!" 하는 말이 엉겁결에 튀어나오기도 합니다. 본인은 칭찬의 의미로 한 말이어도 상대를 위에서 평가하고 있는 것처럼 전달될 수 있습니다.

좋다, 나쁘다가 아니라 어디가 좋았는지를 말하세요. 존경과 칭찬의 마음을 더 잘 표현할 수 있습니다.

25

약속을 확인할 때

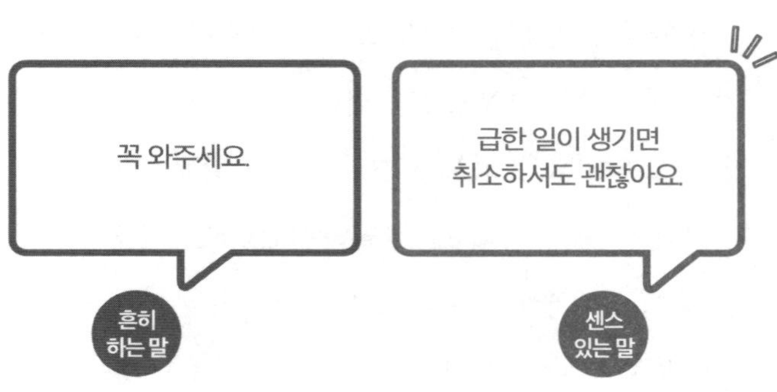

"그러면 ○월 ○일 ○시에 찾아뵙겠습니다"라고 약속을 확인한 뒤에 "급한 일이 생기면 취소하셔도 되니까 선생님을 우선으로 하세요"라는 말을 듣고 깜짝 놀란 적이 있습니다.

누구나 갑작스러운 취소를 경험하죠. 약속 당일에 '갑자기 일이 생겼다', '못 가게 되었다'라는 말을 들으면 마치 나를 가볍게 생각하는 것 같아서 화도 나고 우울한 기분도 듭니다.

누구나 이렇게 생각하기 때문에 약속을 잡을 때 "당일에 갑자기 취소하시면 안 됩니다"라는 말은 여러 번 들어봤습니다. 반면에 '갑작스러운 취소도 괜찮다, 당신이 우선이다'라는 말은 그때 처음 들었습니다. 이렇게 말해주는 사람의 기대를 절대로 저버리고 싶지 않다는 생각이 들더군요.

상대방이 나를 소중하게 생각하고 있다는 사실, 나를 존중하는 마음이 느껴졌기 때문입니다.

그 이후로 저 역시 이를 흉내 내기 시작했습니다.

약속을 잡을 때는 '직전에 취소해도 괜찮으니까 언제든 연락 주세요'라는 메시지와 함께 제 전화번호를 전달하고 있습니다.

그 덕분인지 갑작스럽게 약속을 취소당하는 경우는 거의 없습니다.

26

안타까운 마음을 전할 때

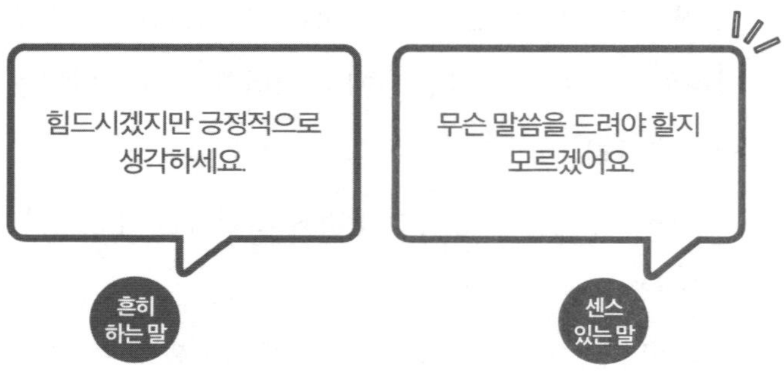

가족에게 닥친 불행, 질병, 교통사고, 갑작스러운 자연재해 등으로 슬퍼하는 사람에게 어떤 말을 건네면 좋을까요? 당사자만이 아는 사정이 있을 수 있습니다. 표면만 보고 경솔하게 발언했다가 누군가를 상처 입히거나 슬프게 만들지도 모릅니다.

우리가 할 수 있는 최선은 상대의 기분을 상상해보고 옆에 있어주는 일입니다. 이럴 때는 나는 당신이 지금 어떤 마음인지 '모른다'라는 사실을 있는 그대로 전달합니다. 애써 위로하려 하지 말고 "힘든 상황에 있으신 것 같네요", "저로서는 상상도 못하겠습니다", "뭐라고 말씀을 드려야 할지 모르겠어요", "제가 도울 수 있는 일이 있으면 뭐든지 말씀해주세요" 정도의 말만 합시다.

만약 상대방이 말하고 싶어 한다면 조언보다는 그의 말을 듣는 일에 전념하시기 바랍니다. 응어리진 마음을 받아줌으로써 상대의 기분을 조금은 가볍게 해줄 수 있을 겁니다.

이전에 일본의 한 유명 배우가 방송에서 "사람은 어느 정도 나이를 먹으면 남에게는 말하지 못할 마음을 짓누르는 문제가 서너 가지쯤 생기게 마련이다"라는 말을 한 적이 있습니다. 그 말을 들으니 왠지 모르게 울컥했습니다. 누구에게나 어려움은 있습니다. 인생은 간단하지 않기 때문에 멋진 것이겠지요.

27

고압적인 말을 들었을 때

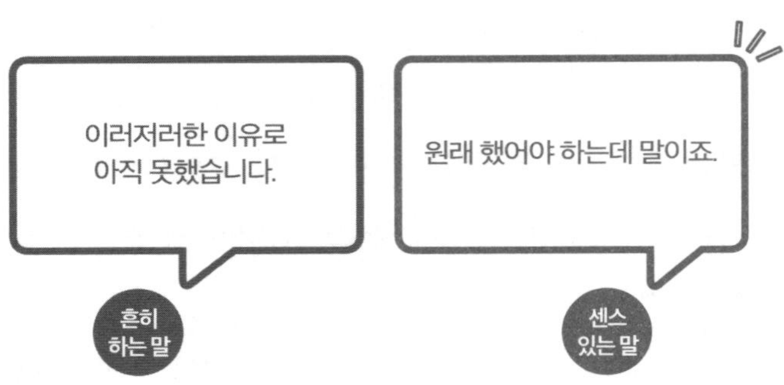

무시당하면 괴롭습니다.

무시에도 여러 가지 스타일이 있지요.

"이거 하나 못 하는 건가요?" 하면서 '당신과는 달리, 나는 이걸 할 수 있다'라고 자만하며 무시하는 사람이 있습니다. 또는 "이건 상식인데 말해줘야 아는 거예요?"라고 무지를 지적하는 사람도 있지요.

그러면 부끄러운 나머지 상황을 설명하고 싶어지지요. 하지만 그게 또 쉽지는 않습니다. 자칫하면 변명이 될 수 있거든요. 게다가 이렇게 상대방을 함부로 무시하는 사람은 정당한 반론도 자신의 권위에 도전한다고 생각할 것입니다.

제 경우에는 "네, 네", "맞아요. 원래 해야 하는데 말이죠" 하고 인정해버립니다. 왜냐고요? 대답하든 안 하든 마찬가지로 속이 상한다면, 저는 나중 일을 더 생각하고 싶기 때문입니다. 제가 성장하기 위해서는 조언과 가르침이 필요하기 때문입니다. 섣불리 싫은 티를 내면 주변으로부터 조언이나 가르침을 받을 수 없습니다. '그 친구는 뭔가 지적받으면 기분 나쁜 티가 너무 나던 걸' 이런 소문은 순식간에 퍼지기 마련이니까요.

무엇보다 상대방이 원하는 것은 제 기분을 상하게 하는 것입니다. 저는 상대방의 의도에 맞춰주고 싶지 않습니다. '당신은 나에게 크게 영향을 줄 수 없다' 알량한 마음일지 모르지만 저는 중요하지 않은 상대에게 휘둘리고 싶지 않습니다.

28

주변 사람들이 띄워줄 때

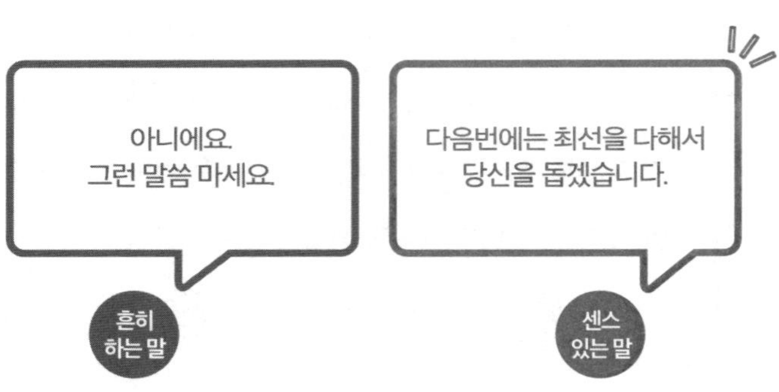

칭찬을 받았을 때 상대가 가까운 사람이면 "그렇게 말씀하시면 저 진짠 줄 알고 우쭐해져요!" 하고 솔직하게 말할 수 있습니다.

반면에 상대가 손윗사람이거나 거리감이 있을 경우에는 "과찬이십니다", "그런 말씀 마세요" 하고 겸손하게 말하고 싶어집니다.

이때 목소리 톤이나 표정에서 '이 녀석, 좀 띄워줬더니 금세 잘난 척하네' 하는 인상을 주기 쉽습니다. 그 순간, 칭찬이 비호감으로 변할지도 모릅니다.

이럴 때는 '칭찬을 받았다는 사실'에 대해서 솔직하게 받아들이는 편이 낫습니다. 그리고 이번에는 어쩌다 내가 무대 위에서 주목받는 역할을 맡게 되었다고 겸손하게 말하는 동시에, 최선을 다해서 다음에도 좋은 결과를 내보겠다고 말합시다. "이런 일이 처음이에요. 다음에도 좋은 결과 있을 수 있게 노력하겠습니다"라고 말할 수도 있겠네요.

만약 팀에 좋은 결과를 가져와 칭찬받고 있는 상황이라면, 다음처럼 말하는 것도 좋습니다. "다음번에도 팀에 좋은 결과를 가져올 수 있게 노력하겠습니다"라고 말입니다.

애써 칭찬을 부정하지 마세요. 이는 겸손해 보이기보다는 자신감 없는 인상을 줄 수 있습니다. 칭찬 그대로를 받아들여 감사한 마음을 표현하고 마지막에 긍정적이고 적극적인 표현으로 마무리합시다. 그러면 상대 역시 당신을 긍정적이고 적극적인 사람으로 호감을 갖게 될 것입니다.

29

상대가 전에 했던 말을 또 할 때

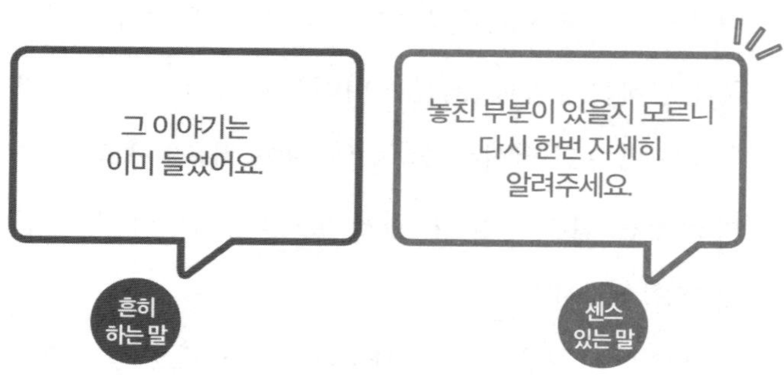

상대가 무언가를 가르쳐주는데 이전에 들었던 내용과 거의 비슷할 때 당신은 어떻게 반응하나요? 금세 "아, 그 이야기는 지난번에도 들었어요" 하며 상대의 말을 끊지는 않나요?

자신의 눈, 귀, 마음은 항상 의심하는 편이 좋습니다. 이미 알고 있는 사실이라도 '놓친 부분이 있을지도 몰라' 하는 태도로 다가가는 것입니다.

사람은 학습이나 경험을 바탕으로 성장하기 때문이

지요. 그 성장 정도에 따라 같은 이야기라도 받아들이는 방식이 달라집니다. 자신감이 넘칠 때는 이 세상 온갖 것을 아는 기분이 들 때도 있습니다.

하지만 무심하게 흘려들은 이야기나 배경 가운데 사실은 자기 인생을 변화시키거나 앞으로 나아가게 할 많은 힌트가 감추어 있을지도 모릅니다.

따라서 한 번 들은 이야기라 해도 '새롭게 깨달을 만한 점은 없을까?' 하는 태도로 다시 들어보시기 바랍니다. 분명 전과는 다른 부분이 보일 것입니다. 그리고 상대도 당신의 배우려는 자세에 호감을 느낄 것입니다.

30

누군가가 나에게 호의를 베풀었을 때

나만 손해를 보고 있다거나 늘 상대만 편애를 받고 있다는 생각이 들 때가 있습니다.

물론 사람마다 선호하는 것이 다르겠지요.

편애를 받는 것처럼 보이는 사람들은 상대방에게 항상 적극적으로 마음을 표현하는 경향이 있습니다. 마치 아이처럼 순수하고 솔직하게 말입니다. 만남 그 자체만으로도, 또 함께 이야기를 나눈다는 사실이나 상대방이 자신에게 사소하게라도 잘해준 것들에 대해 최선을 다해 고마운 마음을 표현하곤 합니다. 자신의 배려에 상대방이 기뻐해준다면 누구나 기분이 좋게 마련이지요. 긍정적인 반응이 돌아온다면 기뻐하는 사람을 더 기쁘게 만들어주고 싶은 게 사람 마음입니다.

설령 상대방이 해준 일이 필요 없거나 선물한 물건이 취향에 맞지 않아도 상관없습니다.

'무엇을 해주었느냐'는 전혀 문제 될 것이 없습니다. '당신을 기쁘게 해주려 한 호의'만 기꺼이 받아들입시다.

다른 사람의 호의를 놓치지 마시기 바랍니다. 그리고 호의를 받으면 솔직하게 마음껏 기뻐합시다.

당신이 기뻐할수록, 아니 기쁜 마음을 표현할수록 더 많은 호의가 따라옵니다.

31

관심 없거나 잘 모르는 이야기를 들을 때

어떤 분야를 이야기해도 장단을 맞춰주는 사람이 있습니다.

대다수는 흥미가 없을 법한 이야기임에도 상대방이 잘 맞춰주면 "이런 이야기도 아세요?"라며 의기투합하게 되지요.

어떻게 하면 그렇게 박식해질 수 있을까요? 어쩌면 정보를 수집하는 데 시간을 꽤나 들인다고 생각할지도 모릅니다.

아이러니하게도 호기심이 강한 사람일수록 정보 수집에 시간을 들이지 않습니다. 관심 없는 이야기가 나와도 '내가 모르는 것을 알 기회'라고 생각하지요. 어떤 이야기에도 반드시 "우와, 그게 뭐예요?" 하며 적극적으로 달려드는 습관이 있습니다.

일단 물면 놓지 않습니다. "어떻게 시작했어요?", "어느 정도 하셨어요?" 하며 상대의 이야기가 멈추지 않을 때까지 파고듭니다. 이런 습관은 매우 도움이 됩니다. 언젠가는 그 주제가 또 다른 사람과의 대화에서 등장하기 때문입니다. 대중적이지 않은 분야라 상대는 잘 모를 거라고 이야기했는데 "신기하게도 제 지인도 요즘 거기에 빠져 있어요"라고 반응하면 "네? 정말요?" 하며 분위기가 고조됩니다. 호기심이 연쇄작용이 되어 또 다른 기회를 물고 오는 것입니다.

32

칭찬을 받았을 때

사람이라면 누구나 '다른 사람에게 인정받고 싶다', '스스로를 가치 있는 존재로 여기고 싶다'라는 마음이 있습니다. 이른바 '인정 욕구'입니다.

SNS에 친구들과의 바비큐 파티, 유명인과 찍은 사진, 맛집 사진 등을 올리는 것은 모두 타인에게 자신의 멋진 모습을 보여주어 두드러지고 싶은 '인정 욕구'의 표현일지 모릅니다.

이런 스트레스나 피로감에서 벗어나려면 어떻게 해

야 할까요?

내가 먼저 타인을 인정하면 됩니다.

'인정받고 싶다'면 먼저 인정해줍시다. 가능하면 빨리 인정할수록 좋습니다. 그러면 일부는 '당신도 멋지다'고 말해줄 겁니다. 너그러운 커뮤니티일수록 서로를 질투하기보다는 각자의 장점을 인정해줍니다. 그런 커뮤니티에 속해 있기를 바랍니다.

인정이 되돌아오지 않더라도 '하늘은 내 노력을 알고 있을 것이다', '내가 나를 인정하니 그것으로 충분하다'라는 생각으로 인정 욕구를 채우면 됩니다.

동료와 상호 인정함으로써 인정 욕구가 충족되면 마음속 '자기표현 욕구'의 세계로 상승해갈 겁니다. 자신을 자유롭게 표현할 수 있으면 자기 긍정감이 채워지고, 자연스럽게 '가치 있는 존재'가 될 수 있습니다.

3장

부탁 / 의뢰

어떻게 말해야 상대가 no라고 하지 않을까

비즈니스 세계에선
'얼마나 자기 능력을 발휘하는가'보다
'얼마나 남의 능력을 잘 빌릴 수 있는가'가 더 중요합니다.
다수의 힘을 모을 때 더 큰 일을 해낼 수 있기 때문입니다.
그렇다면 상대방의 기분을 해치지 않으면서
나의 제안을 수락하게 만들어야 합니다.
자, 어떻게 해야 할까요?

33

협조를 구할 때

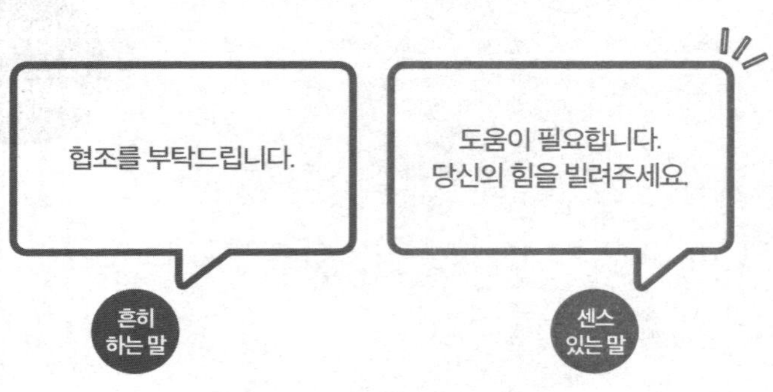

"같이해주시겠어요?", "협조를 좀 부탁드릴게요"라고 여러 번 말했지만 왠지 원팀의 느낌보다는 모두가 겉도는 것 같습니다. 팀원들에게서 의욕도 느껴지지 않고요. 이럴 때 어떤 식의 말을 건네면 좋을까요?

이런 경우에 추천하고 싶은 마법의 말은 "힘을 빌려주세요"입니다.

상대방은 그 말을 듣는 순간 '이 사람이 다른 누구도 아닌 나를 필요한 존재로 생각하고 있구나'라고 느끼게 됩니다. 그러면 상대방은 상황이 여의치 않아도 협조하는 것을 긍정적으로 검토할 겁니다. 대부분은 자신의 가치를 알아봐준 상대의 부탁을 단칼에 거절하기 힘들기 때문입니다.

그뿐 아니라 상대방이 받은 부탁에 응했을 때, '타인의 의지'가 아닌 '내 의지'로 움직인다는 생각이 들게 만들 수 있습니다. '내' 힘을 빌려주고 보태주는 것이기 때문이지요.

경우에 따라서는 모든 팀원이 여러분의 부탁을 들어줄 수 없는 상황이 생길 수도 있습니다. 정말 모두가 바쁜 상황이라면 간절하게 감정에 호소하는 것이 방법이 될 수 있습니다. 안쓰러운 사람에게 도움을 주고 싶은 것이 사람의 자연스러운 마음이기 때문이죠. 스스로는 조금 꼴사나운 모습이라 생각할지 모르지만, 일과 관계를 원만히 풀어가기 위해서는 때로 자신을 내려놓아야 할 때 내려놓을 줄 알아야 합니다.

팀원 모두 바쁜 상황이 아닌데 여러분의 부탁을 거절하고 있다면 사람들이 '당신에게 갚을 마음의 빚이 없는 상태'라는 뜻입니다. 평소에 '저 사람에게 곤란한 일이 생기면 돕고 싶다'는 마음이 들 만한 관계를 구축해놓는 것이 중요합니다.

평소에 사람들에게 베풀고 사소하게라도 애정을 표현하세요.

34

어려운 부탁을 해야 할 때

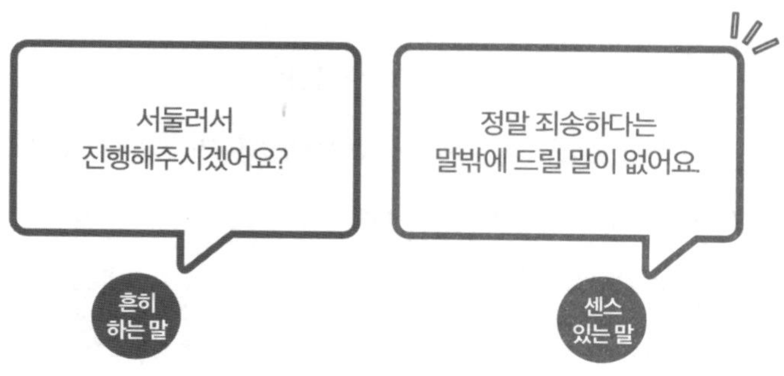

지나치게 어려운 일을 부탁해야 할 때는 어떻게 말을 꺼내야 좋을지 몰라 차일피일 미루게 마련입니다. 부담스러운 의뢰 내용이나 부정적인 소식에 상대가 겁을 먹거나 충격을 받을지도 모릅니다.

하지만 일이 되게끔 하려면 언젠가는 알려야 하죠. 어떻게 말을 건네야 상대가 수락하기 수월해질까요?

그럴 때 저는 다음과 같은 순서로 전달합니다. 우선 "정말 죄송하다는 말밖에 드릴 말이 없어요"라고 사과부터 합니다. 상대가 "뭔데요? 빨리 알려주세요. 무섭단 말이에요" 하며 본론을 재촉하면 "실은 이런 사정이 있어서요" 하며 이유를 설명합니다. 그리고 "도움을 요청드리고 싶은데요, 요컨대 이 부분을 부탁드리고 싶어요"라고 마지막에 본론을 이야기합니다.

일반적으로는 A: ○○를 해줬으면 좋겠다(본론), B: 왜냐하면 이런 사정이 있다(이유), C: 미안하다(사과)의 순서로 말하겠지만 우리는 C: 미안하다(사과), B: 왜냐하면 이런 사정이 있기 때문이다(이유), A: ○○를 해줬으면 좋겠다(본론)라고 반대 순서로 이야기하는 것입니다.

이렇게 본론에 들어가기 전에 마음의 준비를 시킨 다음, 중요한 이야기를 첨언하면 상대가 수락할 가능성이 높아집니다.

35

부탁한 일을 상대가 해주지 않을 때

이달 안으로 끝내야 하는 일이 있다고 가정해봅시다. 보통은 어떤 목표가 생기면 '이달 안으로 반드시 끝내겠어!' 하는 식으로 결의를 다지죠. 그보다는 스스로 의문을 던져보세요. '이달 안으로 할 수 있을까?'

우리 뇌는 질문이 주어지면 답을 찾으려 합니다. 자동이에요.

더 나아가 '자료를 한 장만 읽어볼까?', '답 메일을 세 통만 보내볼까?', '원고를 한 줄만 써볼까?' 등 하나하나

작은 스텝을 쌓아나가면 심리적인 부담감이 줄어듭니다. 이를 '베이비 스텝'이라고 부릅니다.

아이에게 목욕하라고 아무리 말해도 좀처럼 듣지 않을 때가 있지요. 그럴 때에는 "먼저 이를 닦을래? 아니면 목욕을 할래?"라고 선택지를 주는 편이 낫습니다. 왜냐하면 아이가 어느 한쪽을 골라 행동하기 쉬워지기 때문입니다.

이처럼 '하느냐, 마느냐' 하는 큰 결단이 아니라, '어느 걸 할까?'라는 작은 선택지를 만들어보시기 바랍니다. 작은 선택지 안에서 사람은 자기도 모르게 어느 한쪽을 골라 움직이게 됩니다.

공인중개사도 '집을 산다'는 큰 결단을 제안하지 않습니다. "일단 예산 계획을 들어볼까요? 아니면 집부터 보러 갈까요?"라고 대화를 유도합니다. 두 가지 모두 집을 산다는 골인 지점까지 가기 위한 스텝이지만, 후자는 가벼운 선택을 하는 기분이 들기에 자신의 행동에 심리적 부담감을 낮추는 효과가 있습니다.

36

실무자로서 조력자가 필요할 때

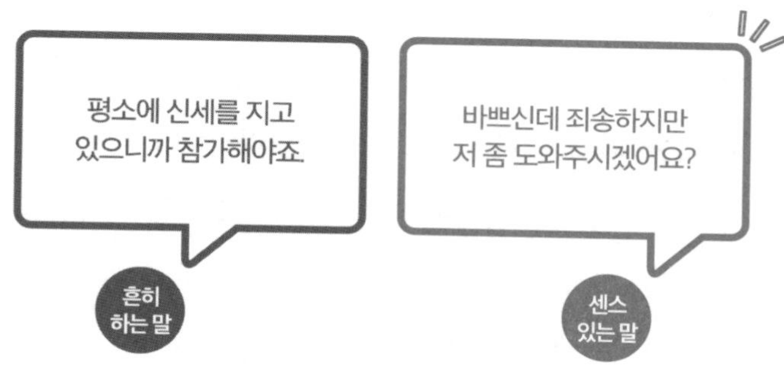

행사 개최를 맡은 실무자가 사람들을 모으려 합니다.

행사 당일까지 시간이 얼마 남지 않았습니다. 그런데 참가 신청자가 거의 없습니다. 이대로라면 주최자의 얼굴에 먹칠을 하게 될 것 같습니다.

어쩔 줄 몰라 초조하면서도 마음속에서는 화가 납니다. 이럴 때는 '왜 나만 이렇게 힘든 거야' 하는 생각이 들게 마련이지요.

실무자는 보람된 역할이지만 이처럼 종종 피해의식

이 생기기 쉽습니다.

그래서 흔히 실무를 맡은 사람들은 주변에 '실무를 떠맡는 바람에 난감하다'며 불평을 늘어놓거나, '평소에 신세 지고 있는 사람을 축하하는 자리인데 당연히 참가해야 하는 게 아니냐' 하며 입바른 소리를 하거나, '다른 사람들한테도 참가하라고 독려해달라'며 역할 분담을 강요하게 됩니다. 이러한 말과 행동은 모두 듣는 사람을 거북하게 만들기 때문에 오히려 손해입니다.

사람들이 모이지 않을 때는 모두가 아닌 한 사람만 골라 이렇게 말합시다.

"정말 죄송한데, 저 좀 도와주시겠어요? 사람들을 꼭 모으고 싶습니다. 하지만 제 힘만으로는 역부족입니다. 그래서 당신의 도움이 필요합니다."

얼굴을 마주 보고 이렇게 말하는 이를 외면하기는 쉽지 않습니다. 분명 도와줄 사람이 나타날 것입니다. 이렇게 한 사람 한 사람에게 도움을 청하다 보면 어느 시점부터 사람들이 단숨에 모이기 시작할 겁니다.

37

껄끄러운 이야기를 해야 할 때

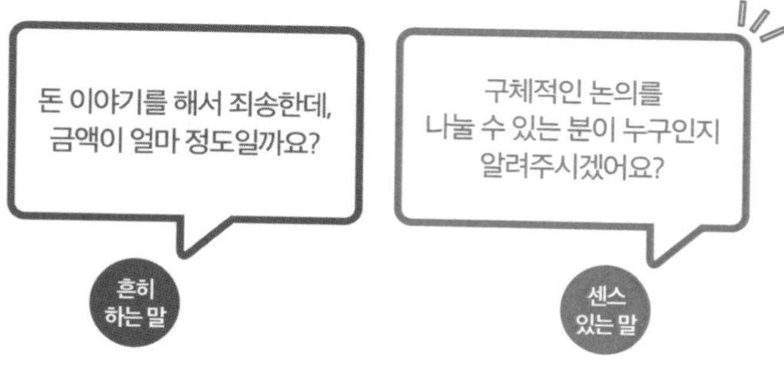

부탁 / 이리

협상할 때 돈이나 조건 이야기 등 당사자에게 말하기 껄끄러운 화제가 있습니다. 편한 사이라면 "솔직히 얼마까지 할인해주실 수 있어요? 조금 더 싸게 안 될까요?"라고 물어볼 수 있지만 관계상 이런 말을 하기 어렵고 예민한 경우도 자주 있습니다.

직접 묻기 어려운 일은 다른 사람을 개입시켜서 진행하는 편이 낫습니다. 예를 들어 "구체적인 조건에 관해 논의할 수 있는 분을 알려주시겠어요?"라는 말을 꺼내봅시다. 상대방이 “저한테 말씀하셔도 괜찮아요”라고 말한다 해도 상관없습니다. 일단 이 스텝을 밟아놓으면 긴장감이 높아지는 일을 피할 수 있습니다.

제가 20대였을 때는 젊다는 이유만으로 불리한 조건을 제시받는 경우가 있었습니다. 그럴 때는 반드시 “직원 분이 연락드릴 겁니다”라고 전한 뒤에 물러났습니다. 그러고는 직원을 통해 “야마자키 씨는 지금 이 정도 조건으로 일하고 있습니다”라는 메시지를 전달하고는 했습니다.

얼굴을 마주 보고 있을 때는 겸손한 자세로, 거리감 없이 다가갑니다. 하지만 하고 싶은 말이 있다면 제삼자를 통해서 완곡하게 전달합니다. 그러면 서로 기분 좋은 정신적 거리를 유지할 수 있습니다.

38

잡무를 부탁하고 싶을 때

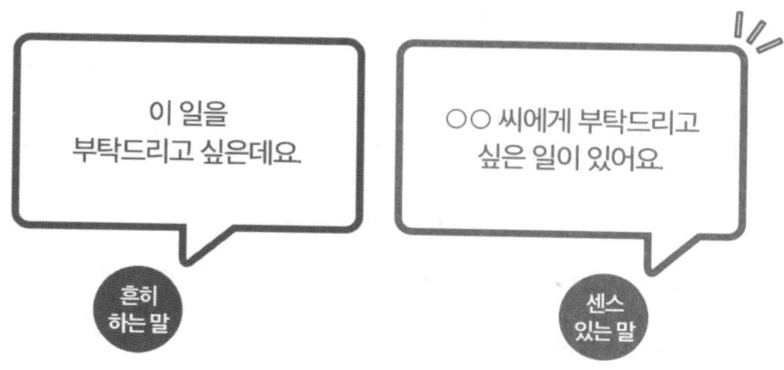

부탁 / 의뢰

익숙하지 않거나 혼자서는 감당하기 어려운 업무 등으로 타인의 도움이 필요한 상황을 가정해봅시다.

이럴 때 어떤 식으로 부탁해야 상대방이 기분 좋게 수락할까요?

"저기, 부탁할 게 있는데요"라고 점잖게 말을 꺼내는 것은 추천하지 않습니다. 내용보다도 말의 어둡고 무거운 분위기에 압도당해 상대가 경계심을 품게 되기 때문입니다.

저는 "○○씨한테 부탁드리고 싶은 일이 있어서요"라는 말을 추천합니다. 이는 상대방을 밝은 에너지로 채울 마법의 문장입니다.

특히 정확히 자신을 지목하여 부탁하는 말을 들으면 상대방은 은연 중에 자신이 의미 있는 존재이며 자신의 역할이 중요하다고 느끼게 됩니다. 그러면 "무슨 일인데요? 이야기해보세요" 하며 마음을 열게 됩니다.

이때 상대가 "뭘 하면 될까요?"라고 물었는데 "여러 가지가 있는데요……"라는 애매모호한 반응을 보여서는 안 됩니다. 상대는 또다시 마음의 문을 닫게 될 테니까요.

이야기가 나오는 즉시, 적확하고 간략하게 "이걸 이 때까지 마무리하는 작업을 도와달라고 부탁드리고 싶어요" 하고 답할 준비를 해놓아야 합니다.

만나기 어려운 사람과 미팅 약속을 잡고 싶을 때

사회적 지위가 상당한 사람과 알고 지내고 싶다고 가정해봅시다.

여기서 문제는 상대방 입장에서는 나와 만날 이유가 없다는 점입니다.

이런 상황이라면 직접적으로 "만나고 싶습니다", "시간 좀 내주세요", "한 말씀 듣고 싶습니다"라고 부탁해도 약속을 잡기 어려울지도 모릅니다. 그럼에도 정말 만나고 싶다면 어떻게 해야 할까요? 이럴 때 쓰는 저만의 비장의 무기가 있습니다. 바로 '취재를 요청'하는 것입니다.

'취재'라는 형태로 섭외를 시도하면 상대가 만나줄 가능성이 높아집니다. '이제 막 업계에 발을 들인 새내기들에게 업계 리더의 인사이트를 전하고자 한다', '분야 전문가로서 업계 진단과 전망을 나누고 싶다' 등 명확한 의도와 명분을 준비하는 것이 좋습니다.

운 좋게 약속을 잡았다면 '질문 리스트'를 준비합니다. 현장에서 조금 긴장하더라도 그 리스트만 손에 들고 있으면 침착하게 이야기를 이어나갈 수 있을 겁니다. 내용은 '학창 시절에 어떤 것에 빠져 있었나요?', '그 경험에서 무엇을 배웠나요?', '선생님의 성공 비결은 뭐라고 생각하시나요?', '인간관계의 비법을 알려주세요' 등의 가벼운 질문으로 시작해 취재 의도에 맞는 질문을 합니다. 취재로 얻은 정보를 토대로 기사를 정리해서 상대에게 내용 확인을 부탁하고, 확인받은 내용을 SNS나 블로그, 유튜브 등에 올립니다.

이것으로 취재가 끝납니다. 이로써 당신은 만나기 어려운 인물과 안면을 트게 된 것이지요.

40

상식 범위 이상의 일을 부탁할 때

큰일을 해내려면 모든 힘을 집중시켜야 합니다. 서로에게 이익이 될 뿐 아니라 관여하는 사람, 사회, 세계, 환경 등 모든 방면에 두루두루 좋은 영향을 준다면 더할 나위 없겠지요.

그런데 상대방에게 끼치는 이익이 미미해서 '당신에게도 이익이다'라고 단언하기 어려울 때가 있습니다.

'혹시 별다른 관심을 안 보이면 어쩌지? 그렇게까지 해야 되냐며 기가 차다고 반응하면 어쩌지? 하지만 혹

시 수락할지도 모르니 제안이라도 해보자.'

이럴 때는 "이건 제 개인적인 욕심인데요"라는 말을 서두에 꺼내기를 추천합니다. "지금의 제안은 제 개인적인 욕심에 드리는 거예요. 만약 아니다 싶으면 오늘 일은 잊으셔도 됩니다"라는 말을 덧붙이는 식으로 말이지요.

'일의 순리에 따르면 이런 제안 자체가 잘못되었다. 알고 있지만 염치 불구하고 부탁드리는 것이다'라는 자세가 중요합니다. 또 무리하게 강요할 마음은 전혀 없다는 의사를 확실하게 전달해야 합니다.

지위가 높은 사람과 긴밀한 관계를 맺고 싶을 때

인간은 무의식중에 상대방의 레벨을 측정합니다.

레벨이 높은 사람일수록 자신보다 낮아 보이는 이에게 무관심하기 십상입니다. 그런 사람과 대등하게 이야기하려면 자신을 레벨을 끌어올려야 하겠죠. 그러려면 갈 길이 까마득하고요.

어렵게 만나기는 했는데, 보다 긴밀한 관계를 맺고 싶다면 상대방이 나를 필요한 사람이라고 생각하게 만들어야 합니다. 이럴 때 좋은 방법이 하나 있습니다. 취재 영업으로 알게 된 '대단한 사람'끼리 연결해주는 것입니다. 예를 들면 이런 식입니다.

"A 사장님에게 B 사장님에 대해 이야기했더니 엄청 궁금해하던데, 괜찮으시면 소개해드려도 될까요?"

"사장님께서 조직문화 개선(상대방의 관심사)에 관심이 크다고 알고 있습니다. 제가 멘토로 모시는 C 대표님과 함께하는 자리를 제안드리고 싶습니다. C 대표님은 창의적인 조직문화 컨설팅에 일가견이 있는 분으로 만나시면 다양한 인사이트를 나눌 수 있을 거예요."

'전문가를 소개한다', '사장을 소개한다'라는 명목이라면 다음 약속을 잡을 가능성이 높아집니다. 게다가 입장이 비슷한 사람끼리 대화한다면 분위기도 더 좋겠지요. 이제 여러분은 두 사람의 연결고리로 양쪽 모두에게 필요한 존재가 될 것입니다.

42

중요한 역할을 양보할 때

자신이 속한 조직과 회사에서 '내가 꼭 맡아 해보고 싶은 일이 있다', '이 일을 계속하고 싶다', '내가 제일 잘할 수 있다'라고 생각하는 일은 정말 드뭅니다. 그런 일이 있다면 너무나 행복한 것이지요.

그런데 그렇게 자신 있는 일을 다른 사람에게 양보해야 할 때도 있습니다. 상당히 속상하고 빈말이어도 "기꺼이 맡기겠습니다!"라는 말이 좀처럼 나오지 않을지도 모릅니다. 이럴 때 어떤 말을 하면 좋을까요?

오히려 정공법으로 나가는 편이 낫습니다. 딸을 시집 보내는 마음으로 "사실 이 일은 제가 하고 싶었어요" 하고 솔직하게 말합시다.

그다음에는 왜 이 일을 '내가' 하고 싶었는지 이유를 설명합니다.

이와 더불어 왜 이 일을 '당신에게' 맡기고 싶은지 덧붙입니다.

'내가 하고 싶다'와 '당신에게 맡기고 싶다'라는 두 가지 마음이 충돌했지만 결과적으로 맡기고 싶은 마음이 이겼다는 사실을 알리는 것입니다.

그 짧은 스토리를 전달함으로써 그 일에 대한 당신의 마음을 상대도 이해할 수 있게 됩니다.

4장

제안 / 주장

어떻게 말해야 의견을 제대로 전할 수 있을까

자기 의견만 주장하면 상대와 충돌하고 맙니다.
그렇다고 가만히 있으면 목소리 큰 사람의 의견에 휩쓸립니다.
두 가지 모두 좋은 방향은 아닙니다.
어떻게 하면 대립하지 않고, 휩쓸리지도 않고
자기 의견을 제대로 전달할 수 있을까요?

43

발표하다가 갑자기 긴장될 때

긴장한 나머지 머릿속이 새하얘지고 심장이 쿵쾅거립니다. 어떻게든 해결해보려고 할수록 상황은 악화됩니다. 이런 경험을 해본 사람이 적지 않을 겁니다. 심지어 대중 앞에서 수많은 강연을 하는 사람이라도 긴장하기 마련입니다.

왜 다른 사람 앞에 서면 긴장할까요? '잘 보이고 싶다', '마음에 들고 싶다', '좋은 평가를 받고 싶다'라는 마음이 있기 때문입니다. '잘 보이려면 어떻게 말하면 좋을까?' 하는 생각에 의식을 빼앗길 때 우리는 횡설수설하게 됩니다. 반면에 아무래도 상관없다면 긴장할 일이 없겠죠.

말이 잘 나오지 않을 때는 마음의 목소리에 의식을 집중해봅시다. '지금 긴장해서 무슨 말을 해야 할지 모르겠다'라고 사람들에게 있는 그대로 상황을 전달합니다. 그런 다음에 "평소보다 더 긴장된 걸 보면 그만큼 이 자리가 매우 중요하다는 것이죠", "잘하고 싶다 보니 더 긴장한 것 같습니다" 등 긴장하는 이유를 설명하는 것으로 말을 이어갑니다.

협상 자리에서도 "거절당할까 봐 두려운 마음이 듭니다. ○○ 씨에게만은 거절당하고 싶지 않아서 긴장이 되네요"라고 말하면 효과적입니다.

마음의 목소리를 그대로 말하면 신기하게도 긴장이 풀립니다.

44

반대 의견을 내고 싶을 때

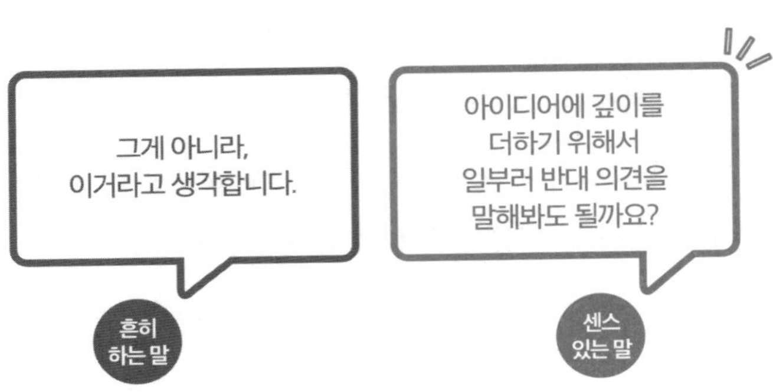

'이 사람은 나와 의견이 다르구나'라는 사실을 알게 되었습니다.

반대 의견을 말하고 싶지만 대립만큼은 피하고 싶습니다. 그렇다고 입을 다물고 있으면 찬성하는 꼴이 될 것 같아요. 어떻게 해야 할까요?

가능하면 자신과 상대방이라는 인간 대 인간의 대립이 아니라, 의견이 다를 뿐임을 보여주어야 합니다.

그럴 때 절묘하게 말하는 방법이 있습니다.

"대체로 괜찮을 것 같은데요, 아이디어에 깊이를 더 하기 위해서 일부러 반대 의견을 언급해봐도 될까요?"

이 한 마디로 회의는 이런 식으로 바뀝니다.

서로의 인격이 부딪치는 일 없이 마치 아바타를 세워 놓고 게임하듯 의견끼리 싸우기 시작하는 것이지요.

즉 서로의 인격에 상처를 주지 않고 토론을 진행시킬 수 있습니다.

대부분의 일은 윗사람의 발언으로 결정되기 쉽습니다. 하지만 이 방법은 허수가 많죠. 반면에 '아바타 의견 대립'은 토론을 더 생산적으로 만들기 때문에 결론적으로 더 좋은 의견이 채택되게끔 돕습니다.

45

의견이 좁혀지지 않을 때

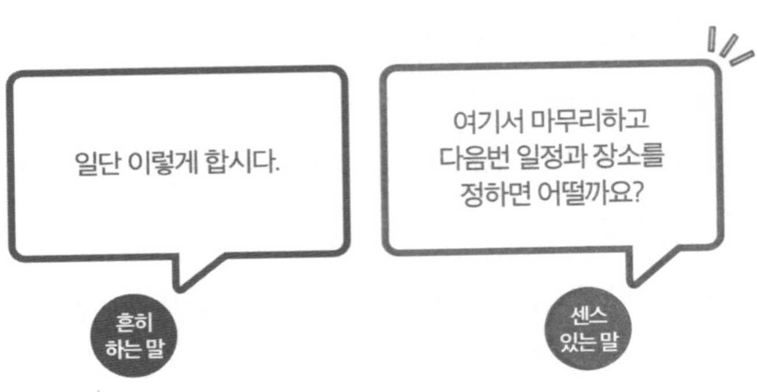

서로의 의견이나 주장이 평행선을 달리느라 같은 이야기를 반복하고 몇 번이나 출발점으로 돌아갈 때가 있습니다. 흐르는 시간도 아깝고 몸도 마음도 지칠 대로 지쳤습니다.

이런 상태에서 억지로 결론을 내거나 포기하거나 양보하면 마음에 응어리가 남을지도 모릅니다.

이 자리에서 결론이 날 것 같지 않을 때는 용기를 내서 이야기를 매듭지읍시다. 그리고 시간과 장소를 바꿔서 다시 토론할 것을 제안합시다.

이야기가 끝나지도 않았는데 자리에서 일어나기가 껄끄럽게 느껴질 수 있습니다. 그러나 서로의 조건, 아이디어, 의견 등을 전부 내놓은 것만으로도 오늘의 수확이 있었다고 생각하는 편이 좋습니다.

지난하게 이어진 회의를 일단 멈춤으로써 더 좋은 해결책이 나오기를 기대해야 합니다. 이때 주의할 점은 다음 약속을 반드시 그 자리에서 정해야 한다는 것입니다. '몇 월 며칠 몇 시에 어디에서'라고 확정해야 합니다.

이야기를 중간에 중단한다는 것은 시간 절약 외에 또 다른 이점이 있습니다. 당시에는 아무리 오래 토론해도 결론이 나지 않던 이야기를 한 걸음 떨어져 시간을 두고 생각해보면 '그 의견도 일리가 있는 것 같다' 싶고, 건설적인 방향으로 생각이 전환되기도 합니다.

거시적으로 봅시다. 서로가 납득할 만한 진짜 타협점을 찾읍시다.

46

무의미한 이야기만 계속되고 있을 때

어느 날 리더가 자신만만하게 한 가지 제안을 했습니다.

당신 입장에서는 아무리 봐도 들이는 비용에 비해서 성과가 나지 않을 것 같습니다. 동기부여가 될 만한 일도 아닙니다. 그렇지만 당신은 가능하면 리더와 대립하고 싶지 않습니다. "할 만한 가치가 있을까요?", "단가가 안 맞을 것 같은데요?"라고 말하면 분위기가 얼어붙을 게 뻔합니다.

이럴 때는 우선 당신의 입장부터 밝혀야 합니다.

"확인하고 싶어서 여쭙습니다. 최종적으로 어떻게 되면 좋을까요?"라는 말을 던집니다. 이는 '하기 싫은 게 아니라 나 역시 그 골인 지점을 향해가는 동료'라는 사실을 거듭 강조하기 위함입니다.

그리고 "아까 말씀하신 계획이 이런 거였죠?" 하고 확인한 뒤에 "같은 비용을 들여서 효과를 더 높이는 방법은 없을까요?"라고 질문합니다.

그러면 리더의 제안을 부정하는 일 없이, 다른 멤버들도 새로운 아이디어를 내기 쉬운 분위기가 형성됩니다.

47

함께 일하고 싶은 사람이 있을 때

여러분이 "언젠가 함께 일할 수 있었으면 좋겠습니다!"라는 말을 건네었을 때 상대방이 "저야 말로요. 기회만 된다면 꼭 같이해요. 지금은 스케줄이 꽉 차 있으니까 나중에 다시 연락드릴게요."라고 반응한다면 어떻게 해야 할까요?

이는 사회생활을 하다 보면 흔히 나누는 형식적인 대화입니다. 함께 일하길 바라는 말이 진심이라고 해도 무난한 느낌 때문에 상대에게는 충분히 가닿지 않습니다.

실제 일로 성사되기도 어렵지요.

진지하게 '함께 일하고 싶다'라고 생각했다면 그 마음을 그대로 언어화할 것을 추천합니다.

"다음 분기에 다시 연락 드리겠습니다", "내년 초에 당신에게도 도움이 될 다른 안건(조건)을 만들어 다시 연락 드리겠습니다" 하는 식으로 상대방과 함께 일하기 위한 여러분의 행동을 구체적으로 언급하며 어필해봅시다.

또는 "제가 어떻게 하면 함께 일하고 싶은 사람이 될 수 있을까요?" 이렇게 적극적인 기세로 말해봅시다. 그러면 상대방은 "얼른 같이해요!"라고 반색하거나 어떻게 하면 함께 일할 수 있을지 구체적으로 고민해줄 것입니다.

이때 "그 말씀은 '함께 일하게 될 가능성이 있다'는 말로 받아들여도 되는 거죠?" 하고 확인하는 말을 건네어 확답을 받아봅시다. 이로써 바람이 현실이 될 가능성이 더욱 커질 겁니다.

48

의뢰 내용을 더 명확하게 알고 싶을 때

"느낌 있게 해주세요", "적당히 알아서 해주세요"처럼 모호한 의뢰가 오면 어떻게 대응해야 할까요? 액면 그대로 '내 마음대로 해도 되는구나'라고 받아들여도 될까요?

그렇게 하면 안 된다는 사실은 누구나 경험으로 아시리라 생각합니다. 완성본을 제출하고 나면 그제야 '이렇게 해줬으면 좋겠다', '저렇게 해줬으면 좋겠다'라고 수정 주문이 쏟아지거나 처음부터 다시 해달라는 요청을 받는 일도 생기죠.

이런 사태를 피하려면 어떻게 해야 할까요? 아마 상대방에게 자세한 설명을 요구해도 해결되지 않을 확률이 큽니다. 모호하게 의뢰하는 이는 스스로 무엇을 원하는지 모르는 경우가 많기 때문입니다. 혹은 알아서 잘해 줄 거라 기대할 뿐 구체적으로 생각하지 못하고 있을지도 모릅니다.

이럴 때에는 일에 착수하기 전에 "한번 탁 터놓고 확인해도 될까요?" 하고 직접 이야기할 기회를 마련합시다. 그리고 '이 일은 누구를 겨냥한 것인지, 어떤 결과물을 바라는지, 최종 확인은 누가 하는지, 시간은 어느 정도 소요될지, 공을 얼마만큼 들이기를 바라는지' 등을 확인합니다. 질문에 대답하는 사이에 상대의 머릿속도 정리가 될 것입니다. 이렇게 일의 윤곽을 잡는 시간을 들이면 상대방이 생각하는 이미지와 크게 어긋날 일은 없겠지요.

49

회의 분위기가 무거울 때

회의나 협의가 지연되는 바람에 분위기가 무겁게 가라앉을 때가 있습니다.

일을 추진하려는데 '예산이 없어서 불가하다', '효과가 적어서 안 된다' 하며 '거절'이 계속되면 몸과 마음이 점점 지쳐서 일이 진척은커녕 퇴보하게 됩니다. 이럴 때는 어떻게 하면 좋을까요?

이럴 때는 대화의 본래 '출구'를 확인해야 합니다.

이야기가 막힐수록 참석자들은 '어떻게 해결하지?'

하며 '해결 방안'에 집착하기 때문입니다.

그럴 때는 "이 회의의 목적이 뭐였죠?", "어떤 결론을 도출하려는 회의였나요?" 하는 식의 질문을 던집니다.

그러면 '매출을 10퍼센트 상승시킬 만한 아이디어가 필요하다', '기존 고객의 재방문을 유도할 방안을 고심 중이다', '리더가 진심으로 납득할 만한 신메뉴를 결정해야 된다' 등의 출구를 발견하게 되고, 생각이 전환되면서 자연스럽게 해결책이 나오기도 합니다.

50

근거 없는 소문에 휘말렸을 때

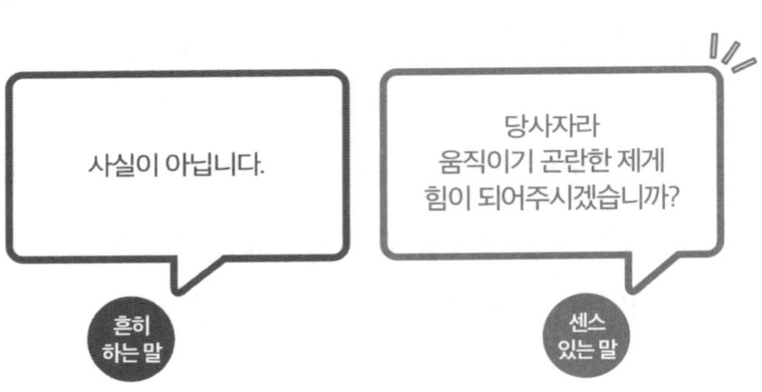

근거 없는 소문, 엉뚱한 악평이 나도는 바람에 입장이 난처해졌을 때는 어떻게 하면 좋을까요?

일단 황급히 부정하거나 큰소리를 치거나 사실이 아님을 증명하고 싶어지는 마음을 진정시켜야 합니다. 이렇게 행동하면 어른스럽지 못하게 보일 뿐입니다. 게다가 진실 앞에 허둥지둥 얼버무리려 할 때의 언동과 똑같아 오히려 오해가 가중됩니다.

소문이 조직 전체에 퍼졌을 때를 가정해봅시다. 당신

을 평가할 조직의 지도자, 상사, 사장, 리더 등에게 찾아가 상담을 요청합시다. 그리고 '이런 소문이 돌고 있다'라는 사실을 전달한 뒤에 소문을 그대로 방치해도 별 문제가 없을지 확인합니다.

만약 그가 문제라고 판단한다면 "당사자인 저는 움직이기 곤란하니 제게 힘이 되어주시겠습니까?"라고 부탁해봅시다. 나에 대한 나쁜 정보가 어떻게 돌고 있는지, 당사자가 취할 적절한 대응 방안이 있는지, 이 상황에서 벗어나려면 누구의 힘을 빌리면 되는지 등의 상담을 하면 자연스럽게 '이 소문은 사실이 아니다'라고 인식하게 만드는 효과도 있습니다. 만약 조직의 지도자가 움직여주지 않더라도 소문이 귀에 들어갔을 때 그가 이를 그대로 믿는 일은 없을 테니 피해를 최소화할 수 있습니다.

51

부하직원의 마음을 확인하고 싶을 때

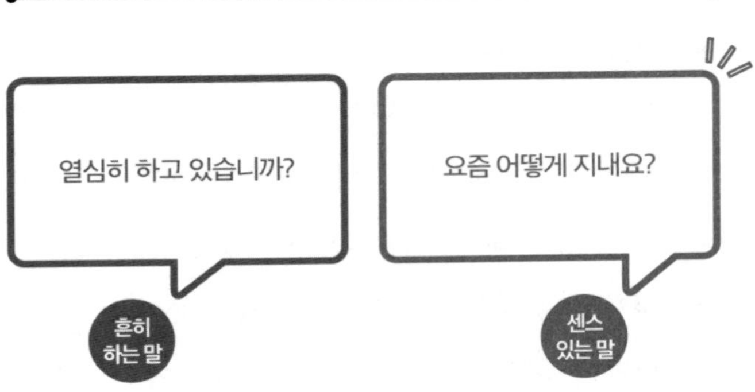

과도한 긴장이나 불안으로 스트레스를 안고 사는 사람이 늘고 있습니다.

겉으로는 밝아 보여도 마음의 어둠이 깊은 사람은 평범한 대화로는 좀처럼 상태를 눈치채기가 어렵습니다.

그래서 어떤 기업에서는 임원이 직원 개개인과 직접 면담을 해서 '업무 만족도'를 확인한다고 합니다. "요즘 어떻게 지내요?"라는 식으로 물으면서 근황을 파악하고 요즘 힘든 건 없는지 알아가는 겁니다. 가장 위험한 대답은 '실적이 나오고 있는데도 일하는 것이 괴롭다'인데, 해당자가 나오면 인사팀에서 발 빠르게 대응합니다. 예컨대 식사 자리를 마련해서 상사와의 관계나 부서 내에서의 커뮤니케이션, 업무 흐름 등을 상세히 들어보고 개선 방안은 없는지, 부서 이동 등 다른 조치가 필요하지는 않은지 함께 생각해나간다고 합니다.

수천 명의 직원을 데리고 있는 대기업이 이렇게 직원 한 사람 한 사람을 진지하게 대한다는 사실이 감탄스럽습니다. 회사 입장에서도 직원이 마음의 병 등으로 갑작스럽게 퇴사해 인력이 상실되는 것을 방지하기 위해서라도 일상적으로 '업무 만족도'를 확인하는 것이 필요합니다.

52

미팅 또는 회의를 마쳤을 때

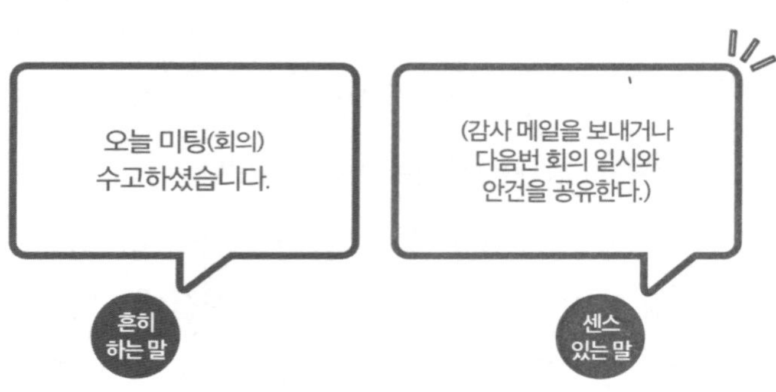

예전에 선배에게 "일할 때는 늘 '플러스 1'을 생각해야 해"라는 말을 들은 적이 있습니다.

'이 일은 여기서 끝'이라고 생각한 시점에서 하나를 더 할 수 있는지 여부가 승부를 가른다는 뜻입니다.

예를 들면 이렇습니다. 오늘의 일은 '미팅'이었지만, 일을 마친 후에 '오늘 만남을 되새기는 감사 메일을 보내는 것(플러스 1)'입니다. 오늘의 일은 '회의'였지만, 회의가 끝난 후 하나 더해 '다음번 회의 일시와 안건을 정리해 공지(플러스 1)'합니다. '약속'은 내일이지만, 그 전에 하나 더해 오늘 미리 '약속을 확인'하고 '관련 자료를 가방에 정리(플러스 1)'합니다.

주 업무에 덧붙여 행하는 것이기에 그다지 대단한 일은 아닙니다만, 이런 행동이 매일 쌓이면 커다란 결과를 가져옵니다.

상대방은 '깍듯하게 감사 인사를 하는구나', '꼼꼼하게 회의 일시를 체크하네' 정도이지만, 이를 챙기지 않는 사람과 비교하면 차이가 분명해집니다.

이러한 차이가 쌓여 당신을 '성실한 사람', '함께 일하고 싶은 사람'으로 만들어줍니다.

스포츠에서 1등과 2등의 입지는 천양지차天壤之差이지요. 하지만 그 승부는 간발의 차로 결정됩니다. 이 사실을 기억하세요.

53

다음 만남을 기약하고 싶을 때

모든 일에는 한도가 있습니다.

아무리 좋아하는 음식이라도 배가 꽉 찰 정도로 과식한다면 한동안은 먹고 싶은 생각이 들지 않습니다.

대화도 마찬가지입니다. 이야기에 지나치게 열중하면 자신도 모르게 '이제 이 사람에 대해서는 다 알았다'고 인식하게 됩니다.

즉 다음에 또 만날 일을 기대하지 않게 되는 것입니다.

재미있는 이야기를 잔뜩 나누고 분위기도 화기애애

했는데 웬일인지 헤어질 때는 지칠 대로 지친 경험을 해 본 적이 있을 것입니다. 만약 그렇다면 마음 한편에서는 한동안 그 사람을 피하고 싶다고 느끼고 있을지도 모릅니다.

다음을 기약하려면 한자리에서 모든 걸 내보이려 하지 말아야 합니다. 대화는 '조금 더 이야기하고 싶다'는 생각이 들 때 깔끔하게 마무리하는 게 가장 좋습니다. 그래야 '또 만나고 싶은 사람'이라는 인상을 남긴 채 헤어질 수 있기 때문입니다.

아쉽더라도 오늘은 좀 참고, 다음 기회를 기다리게 하는 것이 중요합니다.

5장

거절 / 사퇴

어떻게 말해야 상대의 기분이 상하지 않게 거절할 수 있을까

'실망시키고 싶지 않다. 그렇다고 거짓말을 하고 싶지도 않다.'
거절할 때는 왜 항상 마음이 괴로울까요?
상대방의 기분을 상하게 하지 않고
이후의 관계에도 도움이 되는 스마트한 거절 방법에는 무엇이 있을까요?
함께 생각해봅시다.

54

가까운 사람의 초대를 거절할 때

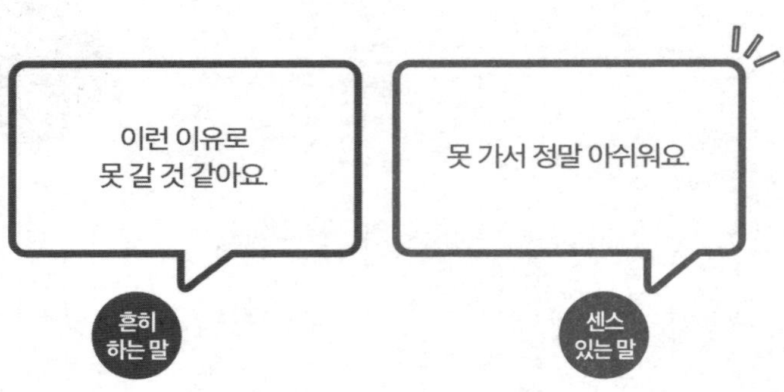

초대를 받았지만 바빠서 시간을 낼 수 없거나 내키지 않아 참석을 보류할 때가 있죠. 갈지 말지 고민될 때는 가야 합니다. 저는 파티, 이벤트, 술자리 등에 초대받으면 가능한 한 참가하려고 합니다. 그곳에 나에게 유익한 '인연'이나 일에 도움이 될 만한 '힌트'가 숨어 있을지도 모른다고 생각하기 때문입니다.

상황에 따라서는 도저히 참가하기 어려울 때도 있습니다. 이럴 때는 어떤 식으로 거절해야 상대의 마음이 상하지 않고 기분 좋게 의사를 전달할 수 있을까요?

개중에는 '못 가는 이유'를 상세하게 설명하는 사람도 있습니다. 미안한 마음 때문이겠지만 이러한 방법은 역효과를 낳습니다. '나한테는 당신의 초대보다 다른 약속이 더 가치 있다'라고 강조될 뿐이기 때문입니다.

그보다는 최선을 다해 '못 가서 아쉬운 마음'을 전달해야 합니다. '가고 싶었는데 아쉽다', '너무 안타깝다', '왜 하필 일정이 겹쳤는지 모르겠다', '다음에 또 기회가 되면 꼭 초대해달라'라는 말을 덧붙여야 합니다. 초대를 거절할 수밖에 없는 안타까운 마음을 전달함으로써 오히려 관계가 좋아진다면 더할 나위 없겠지요.

55

최근에 알게 된 사람의 초대를 거절할 때

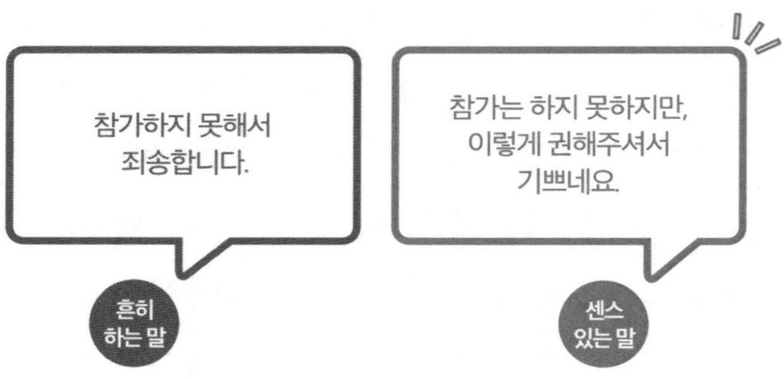

누군가와 안면을 익히고 초대받는다는 것은 당연히 기쁜 일입니다. 그런데 하필 일정 때문에 도저히 시간을 내지 못하는 경우가 있죠. 그럴 때는 '안타까운 마음'을 전하는 것은 물론 '초대를 받아서 기쁘다'라는 마음까지 전달해야 합니다.

저 역시 초대를 거절할 때가 있습니다. 물론 다들 바쁘기 때문에 내가 거절한다고 해서 특별히 신경을 쓰지는 않을 것입니다.

언젠가 지인의 센스 있는 배려에 크게 감동을 받은 적이 있습니다. 파티에 가봤더니 와인이 준비돼 있었습니다. 어디서 난 건지 물었더니 한 스태프가 "좀 전에 어떤 남성분이 오셔서 야마자키 씨에게 전해달라고 하셨어요"라고 말하더군요.

그 와인에는 편지가 붙어 있었습니다.

"야마자키 씨의 초대를 받아서 정말 기뻤습니다. 일정이 맞지 않아서 참석은 못 하고 부득이하게 와인만 전달하고 갑니다."

그 마음 씀씀이에 크게 감동받았던 기억이 납니다. 그 후로 저도 부득이하게 참석하지 못하게 될 때마다 초대에 보답하는 의미로 와인이나 꽃을 보내고는 합니다.

56

수락했던 일을 다시 거절할 때

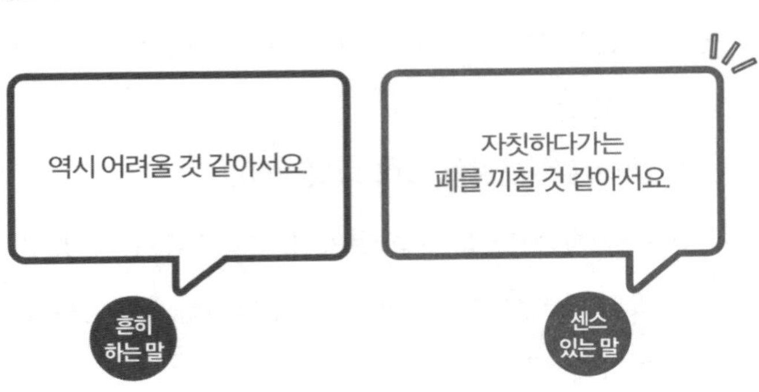

일단 제안을 수락했는데 잘 생각해보니 시간적으로나 능력 면에서나 일을 마무리짓기 힘들겠다는 생각이 들 때가 있습니다. 나중이 되어서야 '그냥 그때 거절할 걸 그랬다'며 후회하기도 하지요.

우선 이런 상황을 가급적 만들지 않도록 해야겠지만, 부득이하다면 가능한 한 빨리 이야기하는 편이 좋습니다. 물론 상대의 기대를 저버리는 격이기 때문에 말을 꺼내기가 쉽지 않겠지요. '적당한 이유'가 떠오르지 않아 연락할 용기가 나지 않은 채 시간만 흘러갑니다.

그럴 때는 자신의 사정을 설명하기에 앞서서 '수락하고 싶지만 이대로라면 폐를 끼칠지도 모른다'는 솔직한 마음을 전달하는 편이 좋습니다. 그러면 '이대로라면 맡기기를 잘했다고 생각하실 만큼 일을 해낼 자신이 없다. 서로 득이 될 것이 없다'는 사실이 상대방에게 자연스럽게 전달됩니다.

가능하다면 그 일 외에 도울 수 있는 일이라면 기쁜 마음으로 할 것이고, 자신보다 적합한 사람을 찾는 데 힘을 보태겠다는 자세를 보이면 좋습니다. 실제로 사람이든 아이디어든 자신을 대체할 대안을 마련해서 거절하는 것이 더욱 좋겠지요.

이렇게 정중하게 거절하면 처음에는 실망하더라도 '다음번에 일을 얻을 기회'를 잃는 일 없이 상처를 최소화할 수 있을 겁니다.

57

나의 능력을 넘어서는 일을 의뢰받았을 때

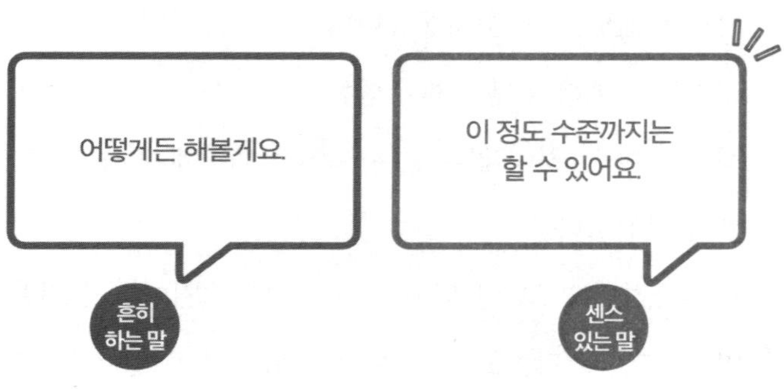

"어떻게든 해보겠습니다"라고 경솔하게 일을 수락해버리고는 '한계를 넘어서면 성장할 수 있다!'라고 긍정의 회로를 돌리고 있지는 않나요? 자신의 능력치를 넘어서는 일을 수락해버렸을 때 어떻게 해야 할까요?

이런 일은 수락하면 진행에 차질이 생길 확률이 높습니다. 또 실수가 벌어질 때마다 신뢰를 잃습니다. 그렇기 때문에 어느 정도여야 일이 진행 가능할지 그 범위를 전달함으로써 상대방이 안심할 수 있게 해주어야 합니다.

'여기까지는 제가 처리할 수 있습니다. 하지만 그 이상은 어려울지도 모르니 더 좋은 방법이 없는지 함께 생각해주시겠습니까?' 하고 의논하는 것이지요.

능력 밖 일이라면 자기보다 적합한 사람을 찾아 추천할 수도 있고, 아예 외부로 일을 내보내 외주를 주는 것은 어떨지 의견을 물을 수도 있습니다.

일 하나를 진행하는 것은 항해를 한 번 떠나는 것과 같습니다. 한 발자국 떨어져서 바라보면 모두 같은 배에 올라탄 동료입니다. 책임을 전가하려는 눈치 게임이 시작되면 결국 그 배는 침몰하고 맙니다. 동료의 신뢰를 얻기 위해서라도 항상 전체의 이익을 생각하고 말하려는 태도가 필요합니다.

58

상대방이 많은 요구를 해올 때

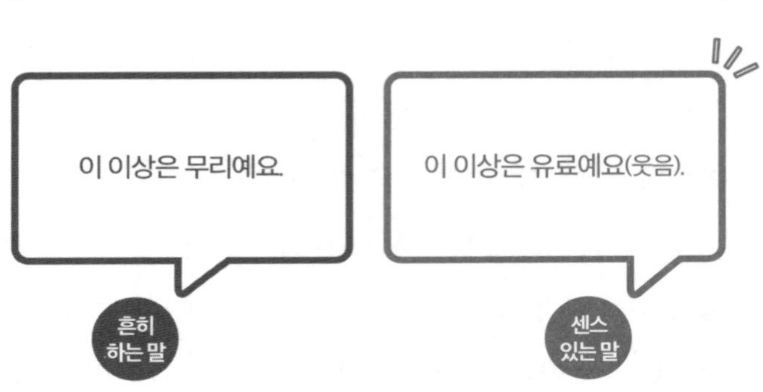

처음에는 기분 좋은 마음으로 부탁을 수락했습니다.

그런데 한번 수락했더니 점점 더 많은 요구가 끊이질 않습니다. 이럴 때 어떻게 대처하면 좋을까요?

한때는 일부러 불편한 심기를 드러내 상대방이 눈치채게 함으로써 그가 스스로 '내가 너무 무리한 부탁을 했나?' 하고 깨닫게 하는 방법이 일반적이었습니다.

또 "저 일이 너무 많아요!"라고 노골적으로 말하는 경우도 있었습니다.

하지만 상대가 막연히 알아주겠거니 기대하며 애매하게 넘어가는 것도, 감정적으로 대처하는 것도 모두 좋은 방법은 아닙니다. 자칫 '감정 조절을 못하는 사람'이나 '의사소통을 잘 하지 못하는 사람'으로 평가될 수도 있습니다. 이럴 때는 적절한 유머를 섞어서 경직되지 않은 표현으로, 그러나 '여기까지가 적절한 선입니다' 하는 메시지는 확실하게 전하는 게 필요합니다.

"이것까지는 할게요. 하지만 이 이상은 돈을 내셔야 합니다."

"오늘은 접수가 끝났으니 내일 연락 부탁드릴게요."

이런 작은 농담으로 웃음을 주며 정리하면 좋겠지요.

59

모임 중간에 빠져나가야 할 때

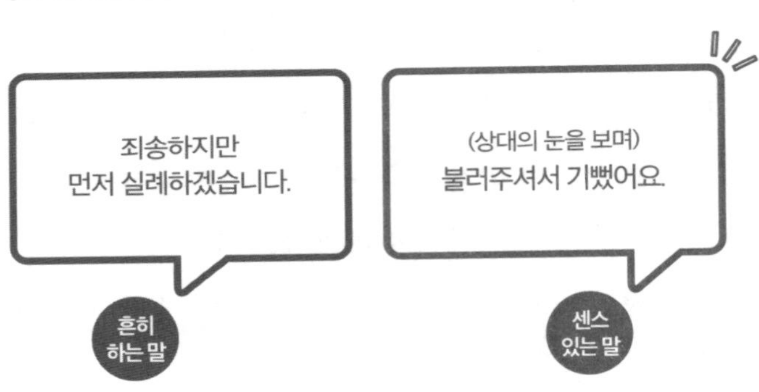

다음 일정 때문에 식사 자리나 술자리를 중간에 빠져나가야 할 때가 있습니다. 눈치가 보이는 이 상황에서 그 자리에 있는 사람들에게 고개를 숙이고 "죄송합니다. 먼저 실례할게요" 하며 살금살금 가게를 빠져나오는 광경을 자주 봅니다.

우선 여기는 모두가 즐기고 있는 자리입니다. 제일 먼저 '나는 새는 뒤를 돌아보지 않는다', 즉 그 자리의 분위기를 깨지 않는 것을 원칙으로 합니다. 여기에 한

가지 더하자면 또 만나고 싶어지는 좋은 인상을 남기는 것이지요.

주최자에게 "불러주셔서 기뻤습니다"라고 마음을 표현하고, 모임 대표에게 말로, 눈인사로, 가벼운 목례로, 중간에 떠나는 미안함을 전달한 뒤, 웃는 얼굴로 눈을 바라보며 슬그머니 그 자리를 떠납시다.

자리에서 빠져나왔으면 즉시 '즐거웠습니다. 감사합니다. 다음에도 꼭 불러주세요'라는 메시지를 함께 있던 모두에게 보내는 게 좋습니다. 다 같이 찍은 사진도 첨부하면 더욱 호감도가 상승할 것입니다.

60

신청, 응모, 지원 등을 거절할 때

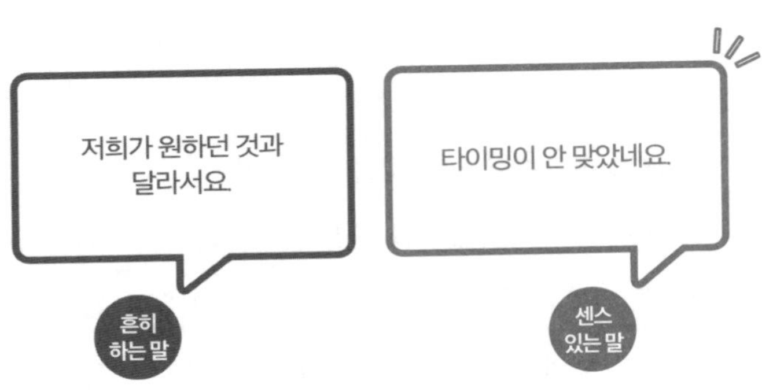

신청, 응모, 지원 등을 거절해야 할 때가 있습니다.

가능하면 상대가 기죽지 않도록 밝은 분위기로 거절의 의사를 밝히고 싶습니다.

하지만 거절 이유를 정중하게 전할수록 상대방을 부정하는 꼴이 되죠. 이럴 때는 어떻게 하면 좋을까요? 저는 간단하게 '타이밍 문제'라고 말합니다.

영화 오디션을 볼 때는 나이가 젊은지 많은지, 눈에 띄는 외모인지, 연기가 빼어난지 여부보다 감독이 원하는 배우 이미지에 부합하는지가 더 중요합니다. '어쩌다 타이밍이 안 맞았을 뿐이지 당신의 능력을 원하는 사람이 반드시 있을 것이다. 그러니까 꼭 다른 곳에도 도전해보기를 바란다'고 전하면 상대방에게 그 어떤 상처도 주지 않고 새롭게 도전할 힘을 줄 수 있습니다.

어떤 사장은 자신의 회사와 계약해준 담당자들에게 '왜 자신의 회사를 선택했는가'를 물었다고 합니다. 이제 막 일에 성장세를 보이기 시작했을 때였거든요. 그러자 대부분의 담당자가 이렇게 답했다고 합니다. "타이밍이 좋았어요", "원래 했던 계약이 끝났을 때 마침 대표님이 떠올랐습니다."

우리는 상대방의 타이밍을 알 수 없습니다. 그러니 만난 사람과의 인연을 계속해서 상기시키는 게 중요합니다.

61

내키지 않는 일을 부탁받았을 때

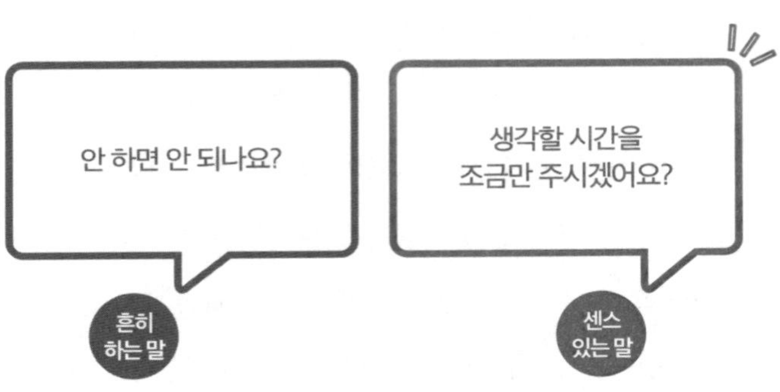

누군가가 내게 일을 준다는 건 고마운 일입니다. '내게 맡길 만큼' 좋은 평가를 받고 있다는 의미니까요. 때로는 일을 부탁받고도 그다지 내키지 않을 때가 있습니다.

그럴 때는 그러한 기분을 만들어내고 있는 자신의 가치관이나 믿음을 확인할 좋은 기회라고 생각해야 합니다. 시간을 조금 할애해 '어떤 일이라면 하고 싶은가'를 떠올려보는 것입니다. 거절은 그 후에 해도 늦지 않습니다. 가치관과 믿음은 판단의 기본입니다. 예컨대 '일은 자기 페이스로 하는 것', '일은 크리에이티브한 것', '일은 월급을 받는 만큼 하는 것' 등이 이에 해당합니다.

자신의 가치관과 믿음을 확인했다면 '이를 놓아버리면 어떻게 될까?'와 '이를 의심하지 않고 온전히 관철하려면 어떻게 해야 할까?'를 상상해봅시다.

예를 들어 '일은 자기 페이스로 하는 것'이라 평소 믿고 있었다면 '페이스를 흐트러트려도 될까'와 '페이스를 지킨다면 어떨까'를 생각해보는 겁니다. 양쪽 측면을 모두 고려함으로써 생각의 불합리함을 깨닫고 자신의 신념 체계를 수정할 수 있습니다.

62

서툰 일을 권유받았을 때

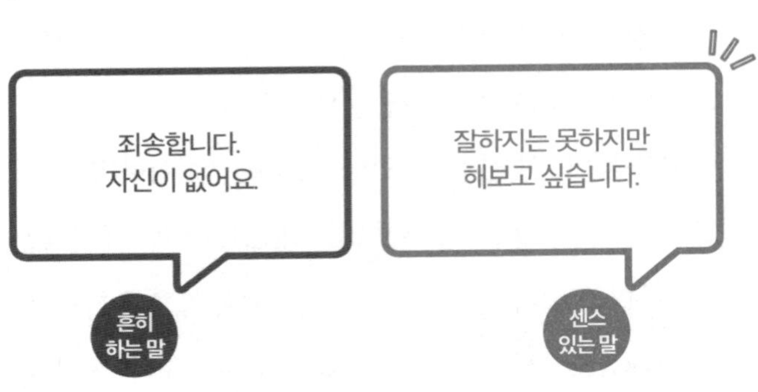

춤, 노래, 조깅, 골프, 게임 등 사람마다 잘하는 것과 서툰 것이 있습니다. 누구나 마찬가지입니다.

여러분은 잘하지 못하는 것을 같이하자는 제안을 받으면 어떻게 하나요? 저 같은 경우에는 '전 종목 참가', '권유를 받으면 거절하지 않는다'를 목표로 계속해서 도전하고 있습니다. 해보지도 않고 포기하기에는 인생이 아깝다고 생각하기 때문입니다.

설령 자신 없는 일이어도 "잘하지는 못하지만 해보고

싶습니다", "술은 못 마시니까 안주를 열심히 먹어보겠습니다" 등의 말로 사전에 양해를 구한 뒤에 함께하려 합니다.

종종 "어떻게 그렇게 일이든 놀이든 다 즐길 수 있어요?"라는 놀라움 섞인 질문을 받고는 합니다. 답은 간단합니다. 우선 시작해보고 잘 맞지 않으면 그땐 쿨하게 그만두기 때문입니다. 시작을 어려워하는 사람은 그만두는 것도 잘하지 못합니다.

처음에는 '이 사람과는 안 맞는다'로 시작해 결혼까지 간 사람도 많습니다. 지금은 안 맞는다고 여기는 일이 의외로 나중에 여러분을 도와주기도 합니다. 무슨 일이든 '평생 안 하겠다'고 단정하지 말고 가능성을 들여다봅시다.

거절 / 사퇴

63

할지 말지를 결정할 때

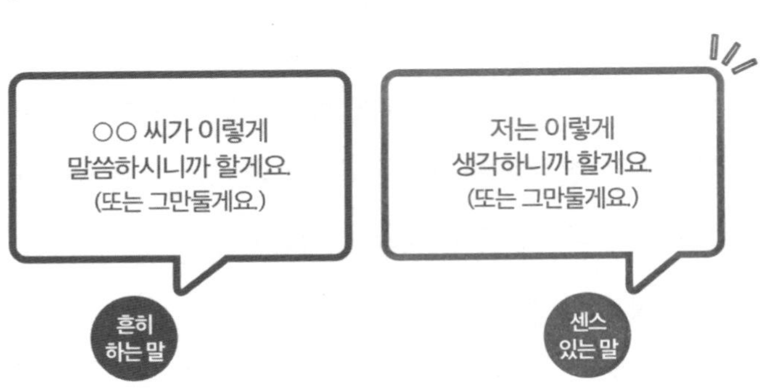

예컨대 딸은 '도쿄로 가고 싶다'고 주장합니다. 엄마는 반대하는 입장입니다. 이때 집을 떠나 '도쿄로 갈지 말지'를 결정하는 것은 딸의 과제입니다. '도쿄로 가겠다는 딸을 말릴지 말지'를 결정하는 것은 엄마의 과제입니다. 딸은 딸이고, 엄마는 엄마이니까요.

아들러 심리학에서는 '과제 분리'를 추천합니다. 상대방 과제에 발을 들였다가 '공의존共依存(인정받거나 정체성을 찾기 위해 타인에게 과도하게 의존하는 행동 조건-옮긴이)'

관계가 되기 쉽기 때문입니다.

할지 말지를 판단하는 기준은 간단합니다. '누군가가 반대한다고 해서 단념할 수 있는 정도'라면 그렇게까지 바라던 일은 아니었던 것이지요.

하고 싶은 마음과 두려움이 공존하면, 자신이 한 발자국 더 내딛지 않는 이유를 다른 사람에게서 찾기 쉽습니다. '○○이 반대하니까 그만뒀다'라고 책임을 전가하고 싶어집니다.

그럴 때는 '만약 그가 찬성한다면 할 수 있을까?'라고 가슴에 손을 얹고 물어보는 게 좋습니다. 판단을 항상 타인의 숙제가 아닌 자신의 과제라고 인식하는 사람은 신뢰를 얻습니다.

당신이 당신으로 사는 인생은 지금이 처음이자 마지막입니다. 하고 싶은 일 앞에서 주저할 시간은 없습니다. 한 것에 대한 후회는 나날이 작아지고 결국에는 좋은 추억으로 바뀔 테니까요.

6장

지시 / 주의

어떻게 말해야 상대를 움직이게 할 수 있을까

'후배나 부하 직원의 호감을 사고 싶다.
하지만 마냥 받아주는 만만한 선배나 상사가
되고 싶지는 않다.'
이럴 때는 어떻게 커뮤니케이션을 하면 좋을까요?
주의를 주면서도 의욕을 북돋고,
상대방의 자존심에 상처를 입히지 않는 말투는 무엇일까요?

64

부하직원이 실수를 반복할 때

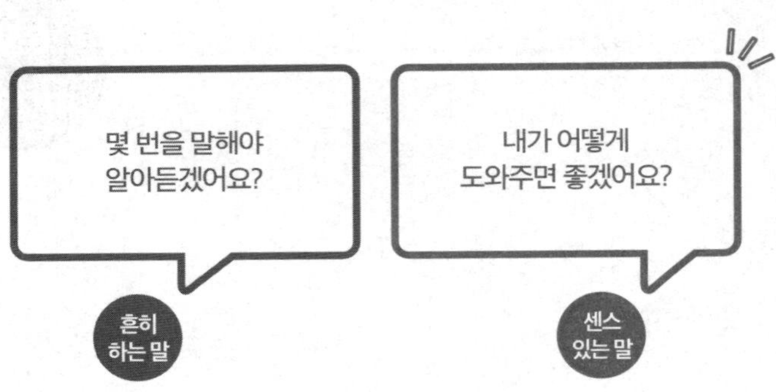

몇 번이나 알려주었음에도 부하직원이나 후배가 같은 실수를 반복합니다. 그렇다고 야단을 치거나 부정적인 말을 하면 그만둘까 조심스럽습니다. 그래서 '이렇게 해보면 어떨까? 저렇게 해보면 어떨까?' 하고 아주 부드럽게 지도하고 있습니다. 그럼에도 좀처럼 상황이 개선되지 않을 때, 어떻게 하면 좋을까요?

이런 문제로 고민하는 마음을 충분히 이해합니다. 그러나 일단 '바꾸고 싶다'라는 마음을 버려야 합니다.

'상대를 바꾸고 싶다'고 생각할 때는 대개 상대방을 '나의 이상'에 맞추려는 경우입니다. 문제는 이런 식으로 계속해서 지도하는 형태로 나아간다면 상대에게 최우선 과제는 '당신이 시킨 일에 대한 대응'이 되어 수동적으로 반응한다는 사실입니다.

이럴 때는 반대로 "내가 어떻게 도와주면 좋겠어요?"라고 질문을 던져볼 것을 권합니다.

그다음에는 "미안합니다. 나무라는 게 아니라 ○○ 씨가 성장하기를 바라는 마음으로 물어보는 거예요"라는 의사를 분명히 밝힙니다. 그러면 부하직원에게 여러분이 평가자나 적이 아니라 조력자이자 우군임을 전할 수 있습니다.

무엇보다 듣는 이의 입장이 수동형에서 능동형으로 바뀝니다. 자신에게 무엇이 부족하고 필요한지 직접 생각하고, 상사에게 능동적으로 요청할 수 있게 됩니다.

65

새로운 일을 지시할 때

어떤 일이든 반드시 기한이 있습니다.

'빠르면 빠를수록 좋아요'는 애매합니다.

상대가 쓸 시간과 필요한 작업 시간을 비교해보고 정확하게 기한을 정합시다.

기한은 촉박한 것보다는 조금 여유를 주는 편이 좋습니다. 일하다가 생기는 트러블, 갑작스러운 방문객, 질병, 시시때때로 울리는 전화 등 일상에는 예기치 못한 요소가 많기에 대개는 예상보다 시간이 부족해지기 때문입니다.

무조건 정해진 일정에만 맞추려고 허둥댄다면 일 전체의 질도 떨어집니다. 누구나 작은 일이라도 명확하게 처리해주기를 바랄 것입니다.

손이 느린 부하직원에게는 "더 서둘러주세요", "좀 더 빨리해줄 수 없나요?"가 아니라 "마감이 다음주 수요일까지였죠? 이대로 진행하면 일정이 충분한가요?" 하고 말을 겁시다.

만약 제때 끝내기 어렵다면 부하직원은 은연중에 이미 그 사실을 인식하고 있을 것입니다. 여러분이 구체적으로 질문해야 부하직원 역시 구체적으로 답변합니다. 그러면 '어느 정도 빠르게 작업해야 하는지'에 대한 서로의 인식을 맞출 수 있습니다. 이렇게 명확하게 커뮤니케이션하는 것, 이것이 일에 차질을 대폭 줄입니다.

66

상대가 중요한 사실을 깨달았을 때

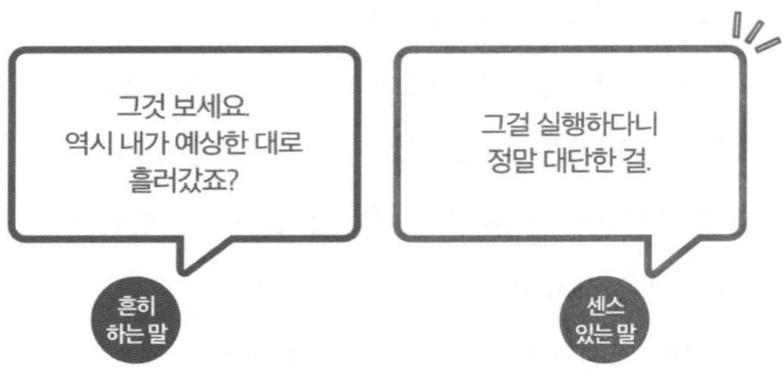

남이 나를 어떻게 생각하는지는 늘 신경 쓰입니다. 타인의 평가에서 벗어나기 위해 산으로 들어간 사람마저 산 아래 마을 사람들이 자신을 어떻게 보는지 신경 쓴다는 농담도 있습니다.

남의 시선에서 벗어나는 방법이 있을까요?

저는 친구에게 '성공은 하는 것이지만, 행복은 지금 느끼는 것'이라는 말을 듣고 눈이 번쩍 뜨인 적이 있습니다.

즉 '자기 평가'로 얻어야 행복이지 다른 사람의 평가를 잣대로 대서는 안 된다는 말입니다. 타인의 평가를 기준으로 둔다면 날마다 누군가에게 인정을 받기 위해서 행동하는 사람이 되고 맙니다.

예를 들어 몇 번을 권해도 요지부동이던 후배가 존경하는 선배의 조언으로 그 일을 시작했다고 해봅시다.

이럴 때 "그것 봐, 역시 내가 말한 대로 하니까 됐지?"라고 말하는 사람은 후배가 올바른 일을 선택한 것을 인정하기보다 '올바른 일을 권한 나를 인정해달라'고 타자평가를 구하고 있는 것입니다. '대단하다는 평가를 받는 나'가 아니라 정말로 '대단한 나'가 되려면 '그렇게 하기로 판단한 후배가 대단하다'라고 말할 줄 알아야 합니다. 그러면 상대방도 나도 '자기 평가'가 올라가고 더 매력적인 사람이 됩니다.

지시 / 주의

67

부하직원이 의욕 없어 보일 때

어떻게 하면 상대의 의욕을 되찾아줄 수 있을까요?

일단 '부하직원이 의욕을 잃었다'는 사실을 파악한 것만으로도 상당한 성과가 있습니다. 이 사실을 알았다면 절대로 섣불리 움직여서도, 그 신호를 무시해서도 안 됩니다. 어떻게 하면 부하직원의 의욕을 부활시킬 수 있을지 실타래를 한 가닥씩 풀어나갈 타이밍이기 때문입니다.

처음부터 상대에게 왜 의욕을 내야 하는지 이유를 설

명하거나 어떻게 하면 의욕이 날지 방법을 알려주는 사람도 있겠지요. 이는 좋은 태도가 아닙니다. 그러면 대화는 무겁게 가라앉고, 상대방은 '해야만 한다'는 부정적인 기분과 마주하게 됩니다.

이보다는 "왜 이 일이 하고 싶었다고 했죠?"라고 묻고, 출발점을 함께 돌아보는 편이 낫습니다.

그 사람을 상상 속 타임머신에 태워 '의욕이 넘쳤던 그 순간'으로 돌아가도록 돕는 것입니다. 그러면 누구도 탓하는 일 없이 자신의 문제로 받아들이고 다시 의욕을 내줄 가능성이 큽니다.

'이렇게 해라' 하고 타이르는 '티칭teaching'보다는 '어떻게 하면 잘 풀릴까' 하고 본인에게서 정답을 이끌어내는 '코칭coaching'의 영향력이 더 강합니다.

68

내 입장을 상대가 알아주길 바랄 때

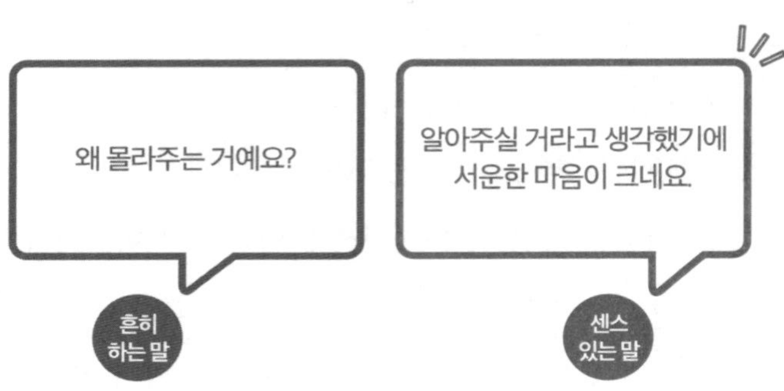

가족, 친구, 동료, 연인 등 가까운 사람과 지낼 때 불현듯 상대에게 화가 난 적 있지 않습니까? 특히 오래 함께 지내온 사이이기에 당연히 알 거라고 생각했는데, 상대가 전혀 모르고 있을 때, '왜 몰라주는 거야?' 하는 설명하기 어려운 분노가 일어납니다.

이때 상대에게 왜 그런 행동을 했는지 묻거나 책망한들 상대도 잘 설명할 수 없을 거예요. 당연히 상대가 자신의 행동을 바꾸기도 어려울 겁니다.

이럴 때는 자신의 행동을 먼저 변화시키는 수밖에 없습니다. 내 기분을 들여다보고 살핀 다음, 기분이 태도가 되거나 관계를 상하게 하지 않도록 대처하는 것이지요.

분노를 예방하고 제어하기 위한 앵거 매니지먼트anger management라는 심리 프로그램이 있습니다. 앵거 매니지먼트의 관점에서 이야기하자면 '왜 몰라주는 거야?'는 나중에 생긴 2차 감정입니다. 그 감정을 상대에게 그대로 던지면 '나도 바빠 죽겠는데 그걸 어떻게 알아?' 하는 분노, 즉 상대방의 2차 감정이 돌아옵니다. 결국 분노끼리 맞붙게 되지요.

여기서 1차 감정은 무엇일까요? '당신이라면 말로 하지 않아도 알아줄 줄 알았는데 그렇지 않아 서운합니다'가 아닐까요?

화가 날 때는 잠깐 숨을 돌려야 합니다. 그리고 '이 감정의 본래 감정은 무엇일까'를 생각해봅시다. 그러면 자신의 진짜 속마음을 깨닫고, 차분하게 대화할 수 있을 것입니다.

69

상사가 명확하지 않게 피드백할 때

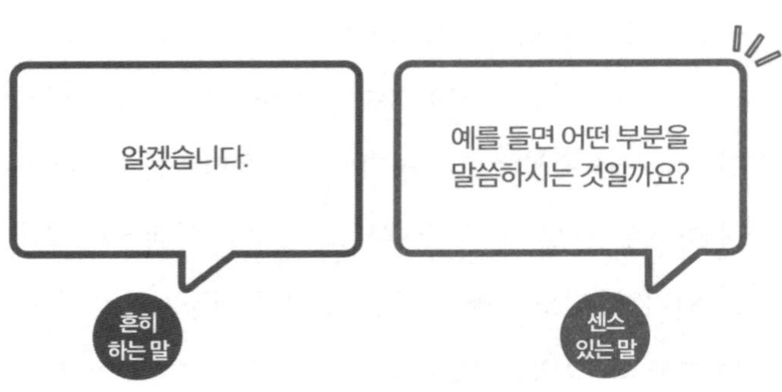

행복이 뭐라고 생각하십니까? 성공의 의미는 무엇일까요? 일을 훌륭하게 해낸다는 건 어떤 걸 말하는 것일까요? 꼼꼼하게 한다는 건 어느 정도일까요?

사람마다 다르게 대답할 것입니다. 이처럼 사람은 행복, 성공, 일, 재미, 만족, 신중함, 훌륭함 등에 대해 각자 다르게 해석하고 정의를 내립니다.

예를 들어 '신중함'을 천천히 하는 것이라고 정의 내리는 사람이 있는가 하면, 조금 더 공을 들이는 것으로

보는 사람도 있습니다. 그렇기 때문에 "더 신중하게 해야지"라는 말에 "알겠습니다!"라고 대답했다고 해서 대화를 나누었다고 생각해서는 안 됩니다. 서로 생각하는 바가 달라서 대화의 아귀가 맞지 않는 안타까운 결과를 가져오기도 합니다.

따라서 상대가 '개념'으로 이야기하고 있다면 "예를 들면 어떤 것인가요?" 하고 질문함으로써 상대와 '정의'를 공유하는 습관을 들입시다.

여기서는 어디까지나 상대방과 '서로 이해'하기 위해서 질문한다는 점을 분명히 해야 합니다. 꼬투리를 잡거나 몰아붙여서는 안 됩니다.

철학자 소크라테스는 현자들이 하는 말의 의미를 파헤치고자 청중들 앞에서 "당신이 말하는 국가란 무엇입니까?", "행복이란 무엇입니까?", "평화란 무엇입니까?" 하고 질문했다고 합니다. 이런 화법 덕에 소크라테스는 그리스 젊은이들과 잘 소통했다고 합니다.

70

실수했을 때

큰 사고가 터졌다고 가정해봅시다. 이럴 때 대부분은 풀이 죽어 있거나 문제의 원인을 찾으려 애쓸지도 모릅니다. 하지만 그것은 시간 낭비입니다. 반성은 하되 자신을 탓하지 말고, 앞으로 어떻게 하면 좋을지 생각하고 이를 행동으로 옮기는 자세가 더 효과적입니다. 자기 파괴적인 반성이 아닌, 건설적인 반성인 셈입니다.

제가 20대였을 때 이야기입니다. 선배의 차를 타고 세미나에 가야 했는데, 제 시간에 도착하지 못할 것 같았습니다. 서둘러 출발하다가 선배가 전진 기어를 넣는다는 게 그만 후진 기어를 넣어서 차가 벽에 충돌하고 말았습니다. 큰일 났다 싶었죠. 그런데 선배는 차를 확인도 해보지 않고 출발시켰습니다. 안 봐도 괜찮은지 묻는 저에게 선배는 "서두르다가 부딪쳤는데, 그걸 확인하고 있으면 더 늦잖아요"라고 시원시원하게 말했습니다.

그 순간 저는 정신이 번쩍 들었습니다. 계획이 틀어져도, 컴퓨터가 망가져도, 아끼는 옷에 얼룩이 생겨도 마찬가지입니다. 투덜거리거나 끙끙 앓는 건 문제 해결을 위한 태도가 아니라 일종의 자기만족일 뿐입니다. 일이 왜 이렇게 되었는지 고민할 게 아니라 '이제 어떻게 하면 될까?'로 생각을 전환할 수 있는지가 중요합니다. 문제를 받아들이기까지는 괴롭겠지만 이미 일어난 현실입니다. 밝은 마음으로 다음 선택을 하는 사람은 뭐든지 달성할 수 있습니다.

71

자율에 맡겼더니 아무도 일하지 않을 때

리더로서 굳이 강제하고 싶지는 않지만, 좀처럼 사람이 모이지 않을 때 어떻게 해야 할까요? 주최자를 볼 면목도 없고, 자존심도 상해서 다른 사람에게 짜증을 내고 싶어질 테죠. 그 마음을 잘 다스려야 합니다. 오랜 기간 일을 해오면서 깨달은 점은, '그때 화내길 잘했다' 싶은 기억은 없다는 사실입니다. 분노로 생기는 마음의 골은 좀처럼 메워지지 않습니다. 분노란 상황이 자신의 수용 범위를 넘어설 때 나타납니다. 그렇기 때문에 화가 날 때는 판단하거나 행동하지 않는 편이 좋습니다. 저는 이 사실을 수많은 시행착오 끝에 배웠습니다.

그 대신 분노를 지탱하고 있는 감정이 무엇인지 생각합니다.

'왜 적극적으로 나서주지 않는가' 하는 분노의 감정의 뿌리에는 '다들 내 상황을 이해하고 서포트해줄 것이다'라는 기대를 배신당한 느낌에 안타깝고 슬프다는 감정이 있겠지요.

기억해야 할 것은, 상황을 이해시키고, 돕고 싶다는 마음을 심어줘야 할 사람은 그 누구도 아닌 나 자신이라는 사실입니다. 그렇다면 이런 식으로 전달해보면 어떨까요?

"이번에 여러분의 참여가 저조해서 유감입니다. 하지만 우리 조직의 목표를 달성하는 데 필요한 일이에요. 적극적으로 나서 도와주었으면 합니다."

이렇게 여러분의 감정을 차분하게 전달하고, 사람들에게 참여와 협조가 필요한 상황임을 설명하면 당신의 감정도 가라앉고 다른 사람들의 마음도 움직일 것입니다.

72

커뮤니티를 떠나는 사람의 마음을 붙잡고 싶을 때

한 SNS는 탈퇴 버튼을 숨겨놓습니다. 검색 사이트에서 해당 SNS의 탈퇴 방법을 자세히 적어놓은 글들을 심심치 않게 발견할 수 있죠. 이런 경우에는 탈퇴할 때 오기가 생깁니다. 반면에 한 동영상 스트리밍 서비스의 탈퇴 방법은 매우 간단합니다. 그래서 한 번 탈퇴했어도 관심 있는 영화나 드라마가 나오면 '다시 가입해도 괜찮겠다' 싶은 마음이 들게 합니다.

회사나 학교, 서비스 등의 커뮤니티도 마찬가지입니

다. 커뮤니티를 떠나려는 사람을 열을 내며 붙잡거나, 떠났을 때의 불이익을 열거하는 것은 커뮤니티를 자유롭게 선택하기 쉬워진 지금 시대에는 걸맞지 않은 방법입니다.

불이익이 무서워 잠깐 마음을 고쳐먹는다고 해도 곧 다시 불평과 불만이 생겨 언젠가는 새로운 커뮤니티를 선택하게 됩니다.

그러니 '그만두고 싶다'는 의사를 담담하게 받아들여야 합니다. 그 대신 지금까지 함께해준 것에 대한 감사의 말과 함께 '언제든지 돌아와도 된다', '변함없이 지원해주겠다', '계속 인연을 이어가자'라는 식의 애정의 말을 건넵시다.

상대에게 '그만두기 아쉽다'는 생각이 들게 했다면 최고의 수확인 셈입니다. 그만둔 뒤 돌아오지 않더라도 몇 년이 지나도 주위 사람들에게 "거기 괜찮아"라고 말해줄 든든한 지원자가 생긴 셈이니까요.

73

상대방이 포기하지 않기를 바랄 때

'그때 그만두지 않기를 잘했다'라는 생각이 드는 경험을 많이 할수록 포기할 줄 모르는 끈기 있는 사람이 됩니다. 기적은 누구나 그만두고 싶어지는 바로 그 지점 너머에 있습니다. 그 벽 앞에 있다면 누구나 기적을 일으킬 가능성 앞에 선 것입니다.

모두가 그만두고 싶어 할 때 '여기서 그만두면 아까우니 조금만 더 가봅시다' 하고 등을 밀어주는 사람이 되어야 합니다.

저는 학창 시절에 육상 선수였습니다.

젖산이 쌓여 꼼짝도 하지 않는 몸, 자꾸만 올라오는 구역질과 싸워가며 억지로 괴로운 연습을 반복했습니다. "힘들어?"라는 코치의 물음에 "네!"라고 대답했죠. 그는 말했습니다.

"왜 힘든지 알아? 이쪽으로 더 가까이 오면 너는 죽는다고 신이 말하고 있기 때문이지. 여기서 더 가면 신의 영역이니까. 어때? 가보고 싶나?"

저는 조금 고민하다가 "가보고 싶습니다!"라고 대답했고, 코치는 "그럼 신의 영역까지 다녀와!" 하며 저를 떠밀었습니다. 달리기가 끝나고 운동장에 널브러져 숨을 헐떡이며 우리들은 "신의 영역에 도달했다!" 하고 깔깔 웃었지요. 한계를 넘어선 곳에 기적의 문이 있다는 사실을 몸으로 깨닫게 된 순간이었습니다.

74

부하직원에게 업무 피드백을 줄 때

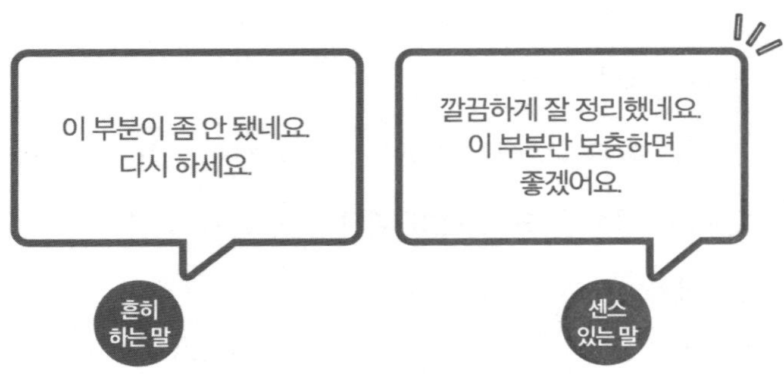

후배 또는 부하직원과 함께 일하고 있다면 크든 작든 피드백을 줄 일이 많습니다. 적절한 피드백은 그들의 성장, 조직의 성장을 위해서도 필요합니다. 그렇다면 피드백을 어떻게 해야 할까요?

부하직원이 완성한 회의자료에 대해 피드백하는 상황이라고 가정해봅시다.

"이 부분이 좀 안 됐네요", "이 부분이 너무 복잡해요. 다시 정리하세요"라고 한다면 부하직원은 어떤 반응을 보일까요?

피드백은 일의 질을 평가하고 그 반응과 결과를 업무자에게 알려주는 것입니다. 못한 것도 잘한 것도 모두 알려줘야 하지요. 하지만 앞선 예시처럼 못한 것만 알려준다면 부하직원은 피드백이라기보다는 그저 혼나는 것처럼 느낄 수 있습니다. 그리고 열과 성을 다해 만든 자료가 한순간에 부정적인 평가를 받았으니 의욕이 꺾이지 않을까요?

우선 이렇게 말해봅시다. "자료 만드느라 고생했어요. 고마워요." 업무를 완료하고 노력해서 임했다는 사실을 인정해주는 겁니다. 그다음에는 잘한 일, 긍정적인 부분을 언급합시다. "깔끔하게 정리했네요", "데이터를 한눈에 보기 쉽게 그렸던 걸요"라고 말이죠. 그다음에는 부족하고 잘못한 부분은 예시처럼 "이 부분은 더 보충하면 좋겠네요", "이 부분은 다른 자료를 찾아보는 게 좋겠어요", "그래프로 보여주면 더 깔끔할 것 같은데요" 하는 식으로 이야기해줍시다. 안 좋은 점을 강조해 말하기보다는 나아가야 하는 방향으로 행동을 이끄는 것이지요.

7장

사과 / 반성

어떻게 말해야 제대로 사과할 수 있을까

때때로 누군가를 화나게 하는 일이 생기기 마련입니다.
그럴 때는 되돌릴 수 없게 관계가 악화되기 되기 전에 사과해야 합니다.
관계를 회복할 뿐 아니라
'그 일 덕분에 관계가 더 돈독해졌다' 하며
돌아볼 수 있을 만큼 제대로 된 사과를 건네야 합니다.

75

상대방이 오해하고 화를 낼 때

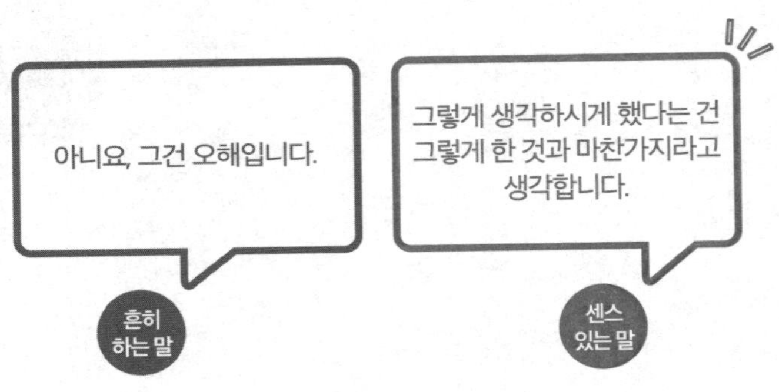

상대를 화나게 하고 말았습니다. 아무래도 서로 생각이 달랐던 것 같습니다. 이럴 때는 어떻게 하면 좋을까요?

"아니, 제 의도는 그게 아니었는데……", "그런 뜻으로 한 말이 아닌데……"라는 말이 자기도 모르게 새어 나오려 합니다.

하지만 서로의 인식 차이가 지금 상황을 초래했다는 사실을 설명해봤자 불난 집에 기름을 붓는 꼴입니다.

우선 "용서를 받을 수 있을지는 모르겠지만 죄송하다

는 마음만이라도 전하고 싶어서 찾아왔습니다" 하고 미안한 마음부터 전해야 합니다. 또한 오해이기는 하지만 '오해하게 만들었다는 건 그렇게 해버린 것과 다름없다'며 모든 걸 받아들이겠다는 뜻을 전합시다. 화가 나서 치켜든 손을 억지로 내리게 하면 상대방 또한 부끄러움을 느끼게 마련입니다.

또 이런 사죄는 '당신은 내게 소중한 존재다'라는 사실을 전달하기도 합니다. '이번 사건으로 정말 당신이 없으면 나는 아무것도 할 수 없다는 사실을 뼈저리게 느꼈다'고 말하면 서로의 관계가 한 발짝 더 가까워질지도 모릅니다.

76

컴플레인이나 문의를 받았을 때

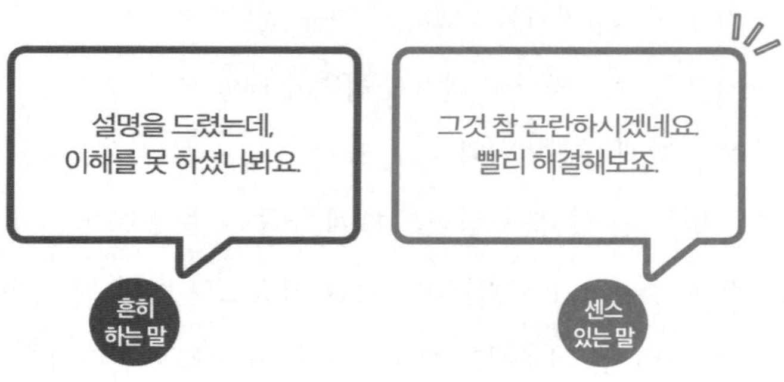

갑자기 노트북이 먹통이 되었는데 일은 계속해서 밀려듭니다. 서비스센터에 전화를 겁니다. 안절부절못하면서 사정을 한차례 설명했더니 상담사에게서 이런 대답이 돌아왔습니다.

"그것 참 곤란하시겠네요. 빨리 해결해보죠."

이보다 훌륭한 대답이 있을까요? 제 마음은 담당자의 이 한마디로 구원을 받은 것 같았습니다. 이 말을 듣자마자 저의 초조함과 짜증이 사르르 눈 녹듯 녹아 없어졌지요.

"하드디스크 문제네요", "혹시 떨어트리시진 않았나요?"처럼 사무적으로 상황이나 나의 과실 여부를 확인하기에 앞서서, '내 마음을 이해해줬다는 사실'이 고마웠습니다.

문제에 휘말렸을 때 가장 먼저 해결하고 싶은 것은 문제 그 자체가 아닙니다.

그 문제가 야기한 짜증, 초조함, 우울한 기분에서 해방되고 싶습니다. 따라서 클레임이나 문의를 받았을 때는 우선 상대가 지금 어떤 마음인지 헤아려야 합니다. 그리고 나라면 '상대방이 어떻게 말해주면 기분이 풀릴까'를 상상해보고, 이를 말로 표현해줍시다. 그렇게 하면 해결의 실마리를 찾기가 쉬워집니다.

77

상대방을 언짢게 했을 때

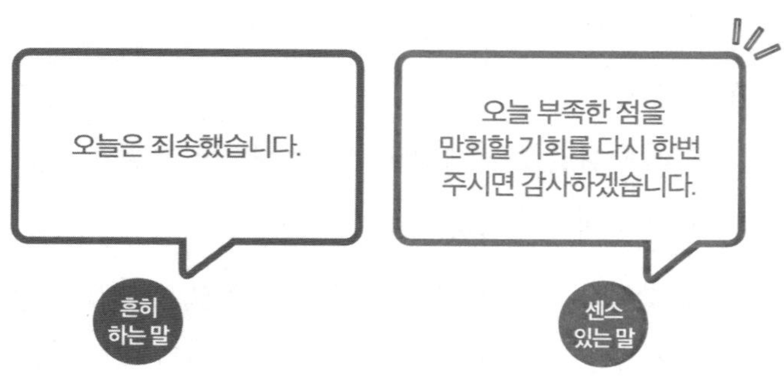

어쩐 일인지 상대방 기분이 계속 좋지 않습니다.

이유를 몰라 찜찜한데, 상대가 협상 중에 그대로 자리를 뜨려고 하고 있습니다. 뭐가 잘못된 걸까요?

이때 어떻게 행동하느냐가 중요합니다. "오늘은 죄송했습니다……"라고 웅얼거리면서 도망치는 것은 권하고 싶지 않습니다. 물론 당신의 언동이 상대방에게 거슬렸을지도 모릅니다. 하지만 어쩌면 당신이 원인이 아니거나, 겉으로만 기분이 안 좋아 보이는 것일지도 모릅니다. 어느 쪽이든 나중에 당신 이야기가 나왔을 때 상대방이 부정적으로 말하면 손해를 보게 됩니다.

그러니 상대가 마음을 닫아 자리를 떠나려 할 때 당신은 속으로 혀를 차지 말고 '지식과 경험이 부족해서 말을 잘 못했지만, 시간을 내주셔서 감사하다. 괜찮으시면 한 번 더 뵐 기회를 주셨으면 좋겠다'라는 식으로 정중한 말로 매듭지읍시다.

상대방은 여전히 기분이 풀리지 않아 언짢아 있을지도 모릅니다. 하지만 나중에 어딘가에서 당신 이야기가 나왔을 때 분명 "아, 괜찮은 사람이죠" 하고 긍정적인 말을 해줄 겁니다.

78

상대방이 누구인지 기억나지 않을 때

"처음 뵙겠습니다" 하고 명함을 내밀었는데 상대방이 "저희 만난 적 있잖아요"라고 말합니다. 아뿔싸! 분위기가 얼어붙는 순간입니다.

수많은 사람을 만나는 직업이라면 분명 한 번쯤은 벌어지는 일입니다.

어떻게든 그 순간을 모면하고 싶은 마음에 누군지 감조차 잡히지 않는 상태에서 "아, 물론 기억하죠"라고 황급히 내뱉는 거짓말도 어쩌면 어른의 배려인지 모릅니다. 하지만 그 뒤의 대화는 삐걱거릴 게 뻔합니다.

저는 이럴 때 화려한 언변으로 넘기는 대신 지금의 마음속을 생중계합니다. 예를 들어 이렇게 말입니다.

"어? 잠깐만요. 잠시만 기다려주세요. 혹시 저 지금 위기인가요? 엄청난 실례를 저지르고 있는 것 같은데, 이름이 안 떠올라서 초조하네요. 긴장해서 등 뒤로 식은 땀이 흘러요."

최선을 다해 떠들고 있으면 상대방이 분명 쓴웃음을 지으면서 정체를 밝혀줄 겁니다.

참고로 "성함이 어떻게 되셨죠?", "○○○ 입니다", "아, 맞다, 맞다! 생각났어요" 이렇게 금방 기억난 척할 수도 있지만, 당황하고 있는 자신을 솔직하게 보여주는 편이 더 호감이 가겠지요.

79

무심코 실언을 했을 때

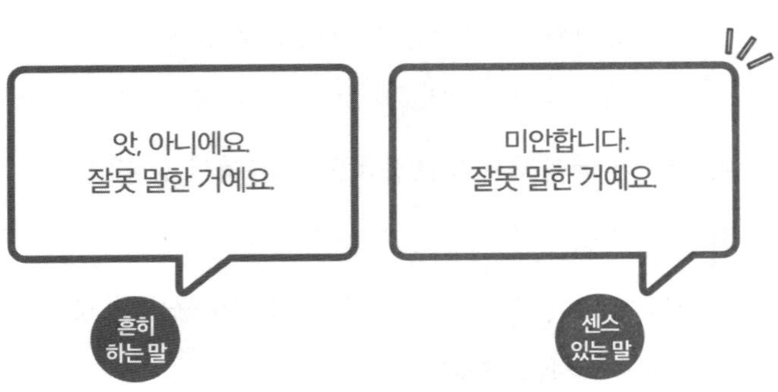

아는 사람이 선물을 주면서 "혹시 마음에 안 들면 다른 사람한테 주거나 버리셔도 괜찮아요"라고 했는데, 무심코 "감사합니다. 그렇게 할게요"라고 대답하고 말았습니다. 아차 싶겠지만 실수를 수습하려고 "아니에요, 마음에 들어요" 하며 얼버무리려 하면 앞선 실언이 오히려 두드러지면서 분위기가 껄끄러질 수 있습니다.

해서는 안 될 말을 무심코 내뱉었다는 사실을 깨달으면 그 즉시 '나는 그런 심한 말을 아무렇지 않게 하는 사람이 아니다'라고 변명하고 싶어지게 마련입니다.

하지만 당황해서 변명을 늘어놓는 방식으로 일이 잘 풀리는 경우는 없습니다.

허둥대는 당신의 마음이 망하는 쪽으로 향하기 때문입니다.

실언했다는 사실을 빨리 받아들여야 합니다. 그리고 빠르게 사과합시다. 자신의 실수로 상대방에게 불편함과 손해를 주었다면 대가를 치러야 합니다.

빠르게 잘못을 인정하고, 실수를 깨달은 즉시 바로 사과하는 것이 관계를 빨리 회복합니다. 그리고 마음의 동요를 가라앉힐 수 있습니다.

여러분의 사과를 상대방이 받아들였다면 그때, 다른 화제를 꺼냅시다. 이왕이면 다시 즐거운 분위기를 이끌 수 있는 밝고 긍정적인 이야깃거리가 좋겠지요. 그러면 상대에게 안 좋은 인상을 남기지는 않을 겁니다.

80

도움을 받았을 때

내가 해준 일에 대한 보답이 꼭 그 사람에게서 돌아오리라는 법은 없습니다.

하지만 돌고 돌더라도 반드시 다른 사람, 다른 곳에서 돌아오게 되어 있습니다.

쓰러진 사람을 도와주면 내게 '덕德'이 쌓입니다. 길거리에 떨어진 쓰레기를 주워도 마찬가지입니다. 부탁받은 결혼식 사회를 봐줘도 덕이 쌓일 것입니다. 하지만 복권에 당첨되면 쌓인 덕을 한번에 사용하게 되겠죠. 왜냐하면 덕은 운과 교환되기 때문입니다. 좋은 운을 얻고 싶다면 계속해서 덕을 쌓는 수밖에 없습니다.

세상은 이를 믿는 기버giver(공헌하는 사람)와 이를 믿지 않는 테이커taker(빼앗는 사람), 그리고 대다수의 매처matcher(균형을 잡는 사람)로 구성되어 있습니다. 공헌하고 있음에도 금방 보상을 받지 못하는 기버는 어쩌면 테이커에게 공헌하고 있을지도 모릅니다. 테이커는 늘 빼앗을 것이 있는 상대를 찾아다니는 '유랑민'입니다.

쌓은 덕을 운으로 교환하고 싶다면 기버에게 공헌합시다. 기버는 '금방 돌려주는 사람'입니다. 그리고 당신도 기버에게 받은 것을 다시 돌려줍니다. 그러면 또 금방 돌아옵니다. 마치 핑퐁처럼 덕의 응답을 주고받음으로써 '기브 앤 러브'의 세계가 펼쳐집니다.

81

상대가 유익한 사실을 알려주었을 때

진지하게 배우려는 사람은 사랑받습니다.

최고의 학습법은 '배운 것을 다른 사람에게 가르쳐주는 것'입니다. 그러니 "다른 사람에게 알려줘도 될까요?" 하고 허락을 구함으로써 당신이 진지하게 배우려 한다는 사실을 상대방에게 전달할 수 있습니다.

남이 했던 말을 제대로 기억하고 있는 사람도 사랑받습니다.

이야기를 머리보다는 가슴으로 들으면 더 좋겠지요.

"네? 정말요?" 하며 놀라거나, 마음속으로 의문을 품는다면 뇌가 기억을 저장하기 쉬워지기 때문입니다.

메모를 하는 것도 좋은 방법입니다. 저는 아이패드로 글을 쓸 뿐 아니라 일러스트와 도표도 함께 메모합니다. 그 내용을 블로그에 한 번 더 타이핑하면서 다시 읽습니다. 그런 다음 다른 사람에게 이에 대해 설명도 해봅니다. 들은 이야기를 몇 번씩 다른 사람에게 설명하는 동안 제 머릿속에 해당 지식이 자리를 잡습니다.

다섯 명 정도에게 설명하고 나면 자신의 말이 됩니다.

처음에는 30분 걸리던 설명도 이야기가 반복되면 5분만에 설명 가능해지고, 머지않아 짧고 임팩트 있는 한 마디로 전달할 수 있게 될 것입니다.

82

이야기의 맥락을 따라가지 못할 때

아무래도 모임에 잘못 찾아간 것 같다는 생각이 들 때가 있습니다.

종잡을 수 없는 이야기에 전혀 끼어들 수 없습니다. 그 자리에 있는 것이 점점 힘들어집니다. 다른 이들의 대화를 보고 있자니 마치 테니스 랠리를 눈으로 좇는 기분이 듭니다.

이럴 때는 적당한 이유를 둘러대며 "그럼, 먼저 실례하겠습니다" 하며 슬금슬금 도망치고 싶은 마음이 들겠지요.

그렇지만 모처럼 만난 인연입니다. '인생에서 일어난 일에는 모두 나름의 의미가 있다'라는 관점으로 바라보면 적응하기 힘든 자리에도 사실은 중요한 힌트가 숨어 있을지도 모릅니다.

그 자리의 이야기가 흥미진진할 때뿐 아니라 무슨 이야기인지 몰라서 즐기기 어려울 때, 참가자들에게 잘 보이고 싶다고 생각했을 때, 혹은 '너무 졸린데?' 싶을 때 "메모를 해도 괜찮을까요?"라고 양해를 구해보세요.

'메모'라는 능동적인 행동을 취함으로써 참가한 의미가 생기고, 지루함과 졸음에서 탈출할 수 있기 때문입니다. 혹시 세미나 자리라면 서서 듣습니다. 서 있으면 잠이 깨니까요.

83

상대방이 자신의 실수를 알아차리지 못할 때

상대방이 약속을 확정했다고 착각해 하필이면 이쪽이 바람맞힌 모양새가 되었습니다. 상대방은 본인이 착각했음을 깨닫지 못하고 있고요. 억울하게 사과해야 하거나 트러블에 휘말렸을 때 당신이라면 어떻게 대응하겠습니까?

이럴 때 "약속을 확정했던 메일을 도저히 못 찾겠는데, 확인을 위해 한 번 더 보내주시겠습니까?" 등 자신의 타당성을 증명하려는 사람이 많을 겁니다. 허물없는 사이라면 그 방법도 괜찮을지 모릅니다. 하지만 나의 타당성이 입증된다면 상대방은 창피함을 느끼게 됩니다. 거래처라면 거래가 깨질 가능성도 있습니다.

인생은 토너먼트전이 아니라 리그전입니다. 한 번 진다고 해서 끝이 아닙니다. 따라서 '내 잘못이 아니다'라는 단기적인 생각에 사로잡히지 말고 '이 일이 미래에 도움이 되도록 만들자'라는 장기적인 사고로 전환합시다. 정중하게 사과한 뒤 '언젠가 이 일이 전화위복이었다고 생각하실 수 있게 실수를 만회하고 싶다'고 전합니다. 상대방이 "그렇게까지 해주지 않으셔도 되는데……" 하며 미안해할 정도의 행동으로 마무리합시다.

84

알아서 적당히 해달라는 말을 들었을 때

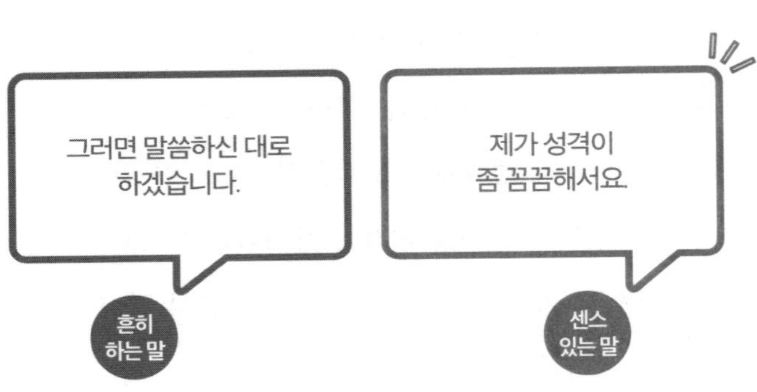

사주팔자는 '사람의 운세는 태어난 시간과 장소에 따라 결정된다'는 개념을 바탕으로 합니다. 이 관점에서 본다면 태어난 시간과 장소가 좋지 않은 사람은 행복하기 어렵겠지요. 그런데 사주팔자가 안 좋아도 행복한 사람이 있습니다. 또 '이름 따라간다'는 말과 달리 성명학적으로 안 좋은 이름인데도 행복한 사람도 있죠. 이유가 무엇일까요? 그 사람은 덕德을 쌓았기 때문에, 즉 좋은 일을 많이 했기 때문에 안 좋은 쪽을 보완했다고 볼 수 있을 것입니다. 덕 가운데서도 특히 숨어서 좋은 일을 하는 '은덕隱德'을 많이 쌓아야 합니다.

자전거로 방문하는 손님이 많은 음식점이 있었습니다. 가게 주인은 손님들 몰래 자전거 바퀴에 공기를 넣어주었습니다. 그 영향인지는 모르겠지만 장사가 갑자기 잘되기 시작했다고 합니다.

반대로 숨어서 나쁜 짓을 하는 사람은 덕을 한번에 깎아 먹는다고 합니다. 신은 '신호를 지키느냐 안 지키느냐'만을 체크한다는 이야기가 있습니다. 누군가 보든 말든 상관 없이 신호를 반드시 지키는 사람이라면 나쁜 일은 못하지요.

이는 사주팔자와 성명학을 믿느냐 아니냐의 문제가 아닙니다. '좋은 일을 하면 좋은 일이 따른다'는 이야기입니다. 집으로 들어갈 때 신발을 정리하느냐 안 하느냐, 식사를 끝내고서 의자를 원위치시키느냐 아니냐, 뒷사람을 위해 문을 잡아주느냐 잡아주지 않느냐 등 아무도 보고 있지 않아도 사소한 일을 제대로 할 줄 아는 습관이 배어 있는 사람은 신뢰를 받습니다.

8장

배려 / 감사

어떻게 말해야 진심을 전할 수 있을까

교제는 토너먼트전이 아닌 리그전입니다.
단 한 번의 승패가 아니라
장기적인 관계로 결정됩니다.
항상 서로의 장래에 도움이 될 만한 선택을 하면 좋겠지요.
그런 마음은 말씨에도 드러납니다.

85

작은 선물을 건넬 때

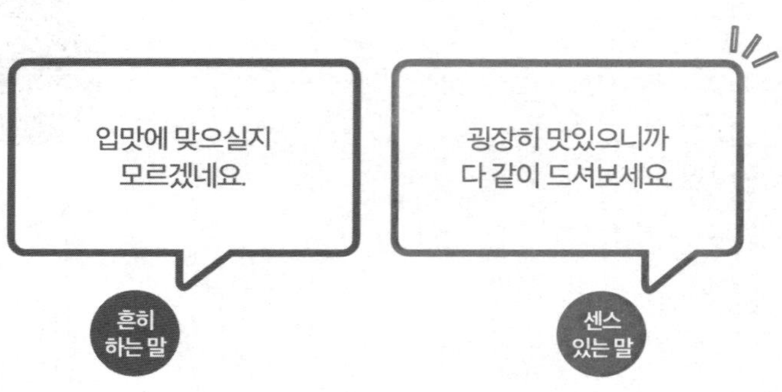

사회에서 간단한 간식을 선물할 때는 "입맛에 맞으실지 모르겠네요", "별거 아니지만 받아주세요" 하며 겸손하게 말하는 것이 일반적입니다. 하지만 모처럼 준비했다면 선물의 스토리를 함께 전하는 것도 괜찮습니다.

"예전에 A 씨에게 선물받아서 먹어봤는데 정말 맛있더라고요. 그래서 B 씨도 맛보게 해주고 싶어서 가져와봤어요. 찾아봤더니 이 지역에서 가장 인기 있는 가게라고 하더라고요."

이런 이야기를 하면 받은 사람도 주위 사람들에게 분위기를 띄울 주제를 얻은 셈입니다.

단 간식 선물은 '무엇을 선물하느냐'보다 가지고 가는 행위 자체에 의미가 있습니다. 작은 선물은 '나는 당신을 존중합니다'라는 표현 가운데 하나이기 때문입니다.

인간관계가 오래 지속되다 보면 점점 서로의 싫은 부분이 보이기 시작합니다.

그것은 성격이나 궁합의 문제가 아닙니다. 지나치게 가까워진 거리 때문이지요.

이럴 때 작은 선물을 건네면 적당한 거리로 되돌릴 수 있습니다.

86

축하의 말을 건넬 때

무언가를 달성한 사람에게서 뿜어져 나오는 빛은 인생에서 볼 수 있는 가장 아름다운 것 가운데 하나입니다. 그런 특별한 순간에는 흔하디흔한 축하 인사가 아니라 상대방의 마음에 더욱 와닿는 축하를 건네고 싶어집니다.

"○○ 씨도 이건 대단한 업적이라고 했어요", "○○ 씨도 이번 이야기를 알고 있더라고요", "○○ 씨도 감동하던데요?" 하고 당사자가 기뻐할 만한 제삼자의 목소리도 함께 전달하는 방법을 추천합니다. 그러면 메시지에

현장감이 더해지기 때문입니다.

건조하게 축하한다는 말만 표현하기보다, 그 소식을 들은 당신까지도 덩달아 얼마나 기쁘고 좋은지 그 마음을 구체적으로 전하는 것도 좋은 방법입니다. "소름이 끼치더라고요", "가슴이 웅장해졌어요", "숨 쉬는 것도 잊을 정도로 감동적이었어요", "너무 놀라 눈도 깜빡이지 못했어요" 하는 식으로 말입니다.

소식을 들은 이후 받아들일 때까지의 감정을 그대로 전달하는 것도 좋겠지요. "너무 굉장한 소식에 처음에는 어안이 벙벙했는데 시간이 조금 지난 뒤에 '우와, 이거 진짜 대단하잖아!' 하는 생각이 들더라고요", "처음에는 그저 '정말 잘됐다'는 마음으로 벅찼는데, 잘 때쯤 되어도 흐뭇한 미소가 멈추지 않는 걸 보니 그제야 실감 나더라고요. 정말 축하합니다!" 이렇게까지 정성스럽게 축복의 마음을 표현한다면 상대는 분명 기뻐할 겁니다.

87

대화하다가 침묵이 흐를 때

말이 많다고 해서 꼭 커뮤니케이션을 잘한다고 말할 수 없습니다. 허둥대며 두서없이 이야기하는 사람은 대화 중에 생기는 침묵을 두려워하는 즉, 커뮤니케이션에 대한 공포가 있는 사람입니다.

대화가 이어지지 않는다고 해서 서둘러 그 자리를 정리하는 사람도 있을 것입니다.

하지만 때로는 침묵을 유지할 용기도 필요합니다.

침묵은 생각입니다. 그 시간을 견딘다면 다음 순간에

상대방이 아주 중요한 이야기를 해줄지도 모릅니다.

중요한 이야기를 흘려보내지 않기 위해서라도 조용해졌을 때 당황하지 말아야 합니다. 보다 의미 있는 이야깃거리를 생각할 시간이 주어졌다고 여깁시다.

"침묵은 나와 상대방 사이를 천사가 통과하고 있는 시간이다"라는 말이 있습니다.

그 이야기를 들은 이후로는 대화에서 침묵이 찾아오면 보이지 않는 천사가 통과하는 모습을 상상하게 되었고, 마음이 편해졌습니다.

우리는 순간순간마다 새로운 현실을 시작할 수 있습니다. 긴장감에서 빠져나와 다음 순간부터 명랑하게 대화를 시작할 수도 있습니다.

88

동료가 고민 상담을 해올 때

최근 동료가 힘들어하고 있습니다. 당신을 찾아와 고민을 털어놓습니다.

"이런 일이 생겨버렸는데, 어떻게 해야 할지 모르겠어요", "답답하고 힘들어요"

이때 동료의 고민을 해결해주고 싶은 마음에 대뜸 조언부터 건네는 사람이 있을지 모르겠네요. 하지만 고민을 털어놓은 사람이 원하는 것은 조언보다 자신의 상황과 마음을 알아봐주는 공감입니다.

상대의 말이 완전히 끝날 때까지는 묵묵히 이야기를 들어주는 것이 좋습니다. 중간 중간 '아, 네', '그랬군요', '그렇죠' 등 고개를 끄덕이고 적절히 반응하면서 경청합니다. 이렇게 들어주는 것만으로 상대는 자신이 충분히 공감받고 있다고 느낍니다.

이때 주의할 것은 "그게 문제네요", "잘못이네요", "○○했더라면 좋았을 텐데요" 등 판단하거나 평가하지 않는 것, "왜 그런 거예요?"라고 상황을 다시 들추지 않는 것입니다.

상대가 자신의 감정을 말하고 있는데 여러분이 평가하거나 상황을 들추면 상대는 자신이 추궁당한다고 느낍니다. 나아가 고민을 털어놓을 만큼 신뢰하는 사람에게 공감받지 못해 허탈하고 서운하다는 감정까지 불러일으킬 수 있어요.

함부로 조언하지 말 것, 그것을 기억해주세요. 고민을 털어놓은 동료는 여러분에게 말하면서 스스로 문제를 다시 인식하고 해결할 방법을 떠올리고 있을지 모릅니다. 사람은 신뢰할 만한 누군가에게 자신에 대해 말하는 것을 스스로 들으면서 자기 자신을 반추하기 마련이거든요.

조언과 충고는 상대가 자신의 이야기를 충분히 쏟아낸 후, 여러분에게 어떻게 해야 할지를 물을 때, 그때 조심스럽게 건네도록 합시다.

89

상대방이 긴장하고 있을 때

나이나 입장 차이 때문에 내 앞에 있는 사람의 표정이 굳어 있다고 가정해봅시다.

상대가 긴장해서 대화가 자연스럽게 이루어지지 않고 자꾸만 끊어집니다.

말수가 지나치게 적거나, 말이 너무 빠르거나, 이야기가 지리멸렬하거나, 이야기에 지나치게 힘이 들어가기도 합니다.

그럴 때 분위기를 진정시키려고 "긴장하셨나요?",

"긴장하지 않으셔도 돼요", "마음 편하게 이야기해요"라고 말해봤자 오히려 역효과가 납니다. 상대방의 긴장을 풀어주려면 우선 "제가 긴장하게 만들었네요. 미안해요"라는 말을 꺼내는 편이 낫습니다.

긴장은 '잘 보이고 싶다'라는 마음이 만든 반응입니다. 그렇기 때문에 "옷은 직접 고르세요?", "네일이 인상적이에요" 등 상대를 인정하는 말을 해줍시다.

또 헤어질 때 "나중에 유명해지시면 '오늘의 대화가 계기가 되었다'고 말해주세요. 안 해주시면 '저 사람도 변했다'고 말하고 다닐 거예요!" 등의 농담을 건네어도 좋습니다. 다 같이 크게 웃을 수 있다면 분명 그 말이 부적이 되어 상대방의 미래를 밝게 비춰줄 겁니다.

90

나만 초대받지 못했다는 사실을 알았을 때

'나 빼고 다들 모였잖아? 어제 만났을 때는 아무 말도 없었는데. 나도 불러주면 좋았을 텐데.'

SNS 교류가 일반적인 요즘, 몰랐어도 됐을 법한 사실을 의도치 않게 알게 될 때가 있습니다.

신기한 일입니다. 우리에게는 '어딘가에 속하고 싶다'는 귀속 욕구가 있습니다. 하지만 계속 모두와 함께하면 점점 '피곤해서 혼자 있고 싶다', '꾸준히 얼굴을 비추는 것도 귀찮다'는 생각이 들기 시작하고 혼자만 특별

배려 / 감사

하고 싶다는 마음이 커집니다. 이후 특별해지면 점점 사람들과 멀어져 고독해지고 역시 '어딘가에 속하고 싶다'는 마음으로 돌아옵니다. '함께하고 싶다'와 '특별해지고 싶다' 사이를 오가는 것이지요. 이 두 마음을 공존시키는 가치관이 '도움이 되고 싶다'는 공헌입니다.

예를 들어 이런 식으로 말해봅시다.

"일요일에 다 같이 바비큐 파티를 하셨더라고요?"

"아! 맞아요! 물어보려고 했는데……. 다음번에는 꼭 초대할게요."

"아, 그게 아니라 사놓고 한 번도 안 쓴 바비큐 세트가 있어서요. 다음에 혹시 부족하면 부담 없이 말씀하시라고요."

이런 대화가 당신의 마음을 차분하게 가라앉혀줄 것입니다. 만약 가까운 사이라면 "다음에 안 불러주면 질투할 거예요!" 하고 질척이지 않는 수준에서 질투심을 전달해도 되겠지요.

91

상대가 불안해할 때

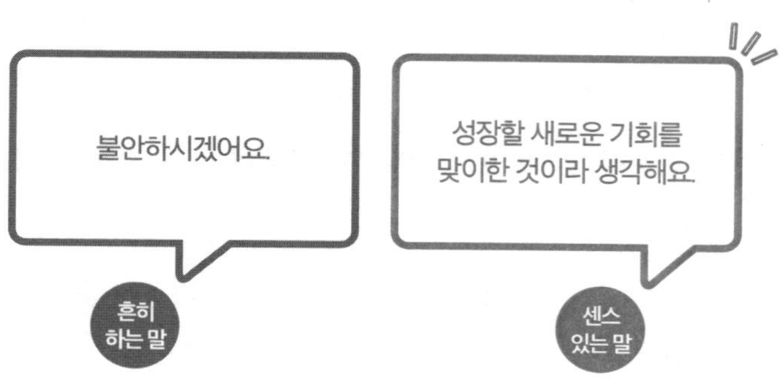

인간이라면 누구나 '변화'와 '안정' 사이에서 흔들립니다.

일도 사생활도 잘 풀리고 한동안 안정적인 생활을 이어가다 보면 왠지 지루해져서 변화를 꿈꾸게 됩니다.

방법이나 환경을 바꾸거나, 시도해본 적 없는 일에 도전하고 싶어지죠.

그런데 변화를 시도하면 어쩔 수 없이 불안정한 상황을 맞이하게 됩니다.

어쩌면 소중한 것을 잃을지도 모릅니다. 원래대로 돌

아가지 못할 가능성도 존재합니다. 지금 가진 것을 두 번 다시 손에 넣지 못할 수도 있습니다. 점차 '앞날에 대한 불안'이 커져서 어떻게든 해결하고 싶어집니다. 그러면 마음이 또다시 '안정'을 원하게 됩니다.

이런 식으로 우리의 가치관은 눈치채지 못하는 사이에 '안정적이었으면 좋겠다'와 '모험하고 싶다'를 오갑니다.

이럴 때 가장 우선순위에 두어야 하는 마음가짐이 바로 '성장하고 싶다'라는 가치관입니다.

불안해하는 상대 역시 '성장하고 싶다'는 마음 때문에 새로운 길을 택한 것이겠죠? 상대에게 그 마음을 상기시켜줍시다. "새로운 도전이니까 불안한 게 당연합니다", "크게 성장할 기회라고 생각해요."

'성장'에 축을 두면 흔들리지 않습니다. 성공은 미지수이지만 성장은 100퍼센트 약속되어 있기 때문입니다. 그리고 성장의 연장선상에 성공은 반드시 존재합니다.

92

상대방이 스스로를 비하할 때

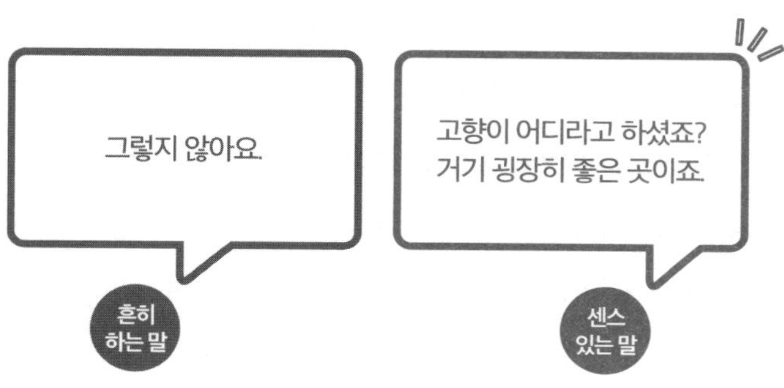

"저는 안 되나 봐요."라는 발언에는 '나를 인정해주세요'라는 마음이 감추어져 있습니다. 그렇기 때문에 자신을 비하하는 사람에게 격려의 말이나 조언을 해봤자 상대의 마음이 긍정으로 옮겨가기는 어렵습니다.

이럴 때는 화제를 슬쩍 바꿔봅시다. "그 이야기 들어봤어요?" 하는 느낌으로 말이지요. 대신에 전혀 다른 각도에서 상대의 존재를 긍정하고 자존감을 높여줄 화제를 꺼냅시다.

예를 들어 "그러고 보니 요리를 하신다고요?" 하며 슬며시 화제를 변경합니다. 상대방이 "네, 하긴 하죠. 간단한 요리만 할 줄 알지만요"라고 대답하면 "요즘에 요리가 취미인 남성이 늘고 있는 것 같더라고요" 하는 식으로 대화를 이어갑니다.

또는 상대방의 고향에 대해 물은 다음 "굉장히 좋은 곳이네요" 하고 호응하거나, 부모에 대해 물어보고 "참 멋진 부모님이시네요" 하며 화제를 돌리는 것도 좋습니다.

이야깃거리가 없다면 취미나 고향, 부모 이야기로 화제를 바꿔서 높이 평가하기를 추천합니다. 칭찬을 받고 기분 나빠할 사람은 없기 때문입니다.

상대의 말을 정면에서 받아치려 하지 말고 쓱 다른 각도로 돌리게 만들면 상대도 이내 미처 발견하지 못했던 밝은 쪽으로 눈을 돌리게 될 것입니다.

93

누군가가 나에게 실례를 범했을 때

사회 경험이 적은 풋내기 시절에는 누군가가 나에게 실례를 범해도 그저 기죽어 있을 수밖에 없습니다. 그리고 그때 느낀 분노와 굴욕감을 오래도록 곱씹었습니다. 부정적인 감정이 오래갈 수밖에 없었죠.

하지만 이후 조금씩 인생 경험을 쌓으면서 분노하거나, 주장하거나, 되받아칠 수 있게 되었습니다.

연륜이 많이 쌓이면 분노 앞에서도 참을 줄 알게 됩니다. 하고 싶은 말이 있어도 마음속에 숨길 수 있게 되는 것입니다.

이보다 경험을 더 많이 쌓으면 타인 때문에 기분이 안 좋아졌어도 상대의 건강을 빌어주는 경지에 이릅니다.

'어떻게 그럴 수 있나요?' 이해할 수 없다 생각하는 사람이 있을지도 모르겠네요.

기분이 나빠진다는 것은 스트레스 호르몬이 분비되고 있다는 증거입니다. 화를 내든 입다물고 있든 스트레스 호르몬은 늘어날 뿐이죠.

그리고 뇌는 '주어'를 인식하지 못합니다. 그래서 누군가의 건강을 기원하는 말을 우리 뇌는 자신의 건강을 기원하는 말로 인식합니다.

이런 연유로 저는 누군가 나에게 실례를 범했을 때 화를 내거나 비난하기보다는 "몸조심 하세요", "건강하시길 바랍니다" 하고 그 사람의 건강을 기원합니다. 그렇게 분노의 연쇄를 끊어 부정적인 감정과 기분이 지속되는 것을 막습니다.

94

궁지에 몰렸을 때

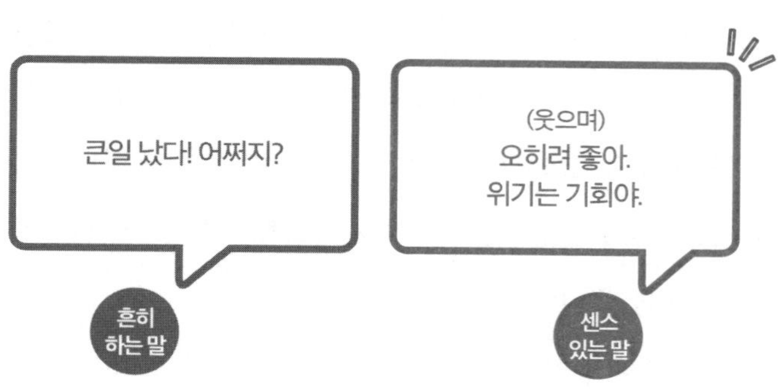

궁지에 몰렸을 때 어떻게 대응하면 좋을까요?

우선은 심각해지지 말아야 합니다. 심각해질수록 해결은 요원하기 때문입니다. 침울한 기분으로는 현실을 호전시킬 수 없습니다. 만약 해결법이 떠오르지 않는다면 일단 기분을 좋게 할 방안을 생각합니다. 그리고 이 문제가 해결된 뒤에 얼마나 행복해질지 상상합니다. 그런 마음 상태라면 의외로 잘 풀립니다.

한번은 이런 일이 있었습니다. 혼자서는 도저히 감당

할 수 없을 만한 큰 트러블에 휘말렸을 때 일입니다. 곧 바로 상사를 찾아가 "큰일 났어요! 실은……" 하며 보고를 했습니다. 그런데 상사가 갑자기 "잠깐만!" 하고 멈추더니 "큰일이 난 거 알겠어요. 일단 밥 좀 먹으러 갑시다" 하면서 회사 근처 맛집이라고 소문난 식당으로 저를 데리고 갔습니다. "아니, 지금 밥이 문제가 아니라니까요. 진짜 큰일 났어요"라고 호소해봤지만, 상사는 막무가내였습니다.

그런데 웬일일까요? 일단 거하게 한 상 차려진 음식을 보고, 또 맛있게 먹고 나니 그 트러블이 '뭐 별 건가', '대처하면 된다' 하는 생각이 들었습니다. 아니나 다를까, 식사를 마치고 상사가 말하더군요. "맛있는 것도 먹고 기분도 한결 가벼워졌으니, 이제 힘내서 해결할 방법을 알아봅시다", "위기를 기회로 만들어봐요" 하고요.

궁지에 몰렸을 때는 일단 평정심을 되찾는 게 중요합니다. 그러기 위해서는 일단 기분을 좋게 만드는 무언가를 합시다. 저처럼 기운 나는 음식을 먹는 것도 좋고 잠시 산책을 하거나 아니면 좋아하는 노래를 부르는 것도 좋습니다. “오히려 좋아, 이걸 극복하고 더 성장해보겠어” 그러면 정말로 문제가 해결된 기분이 들기 시작할 것입니다.

배려 / 감사

95

화제를 바꾸고 싶을 때

듣기에 거북한 소문, 어둡고 출구 없는 이야기 등 자신이 선호하지 않는 화제가 계속해서 이어질 때는 어떻게 하면 좋을까요?

제가 추천하는 방법은 "그러고 보니 여행 좋아하세요?" 하는 식으로 불쑥 화제를 전환하는 질문을 던지는 것입니다. 이렇게 행동해도 괜찮을까요? 괜찮습니다. 상대방도 처음에는 당황할지 모르지만 "최근에 국내 여행을 다녀오셨나요?", "어디 어디에 가보셨어요?", "가족

분들도 여행을 좋아하세요?" 하는 식으로 한동안 같은 주제의 이야기를 이어가면 순식간에 그에 빠져들어서 어지간해서는 원래의 화제로 돌아가지는 않습니다.

왜냐하면 사람에게는 직전에 하던 행동과 사고를 이어나가려는 습성이 있기 때문입니다.

저는 초등학생 때 이 사실을 알았습니다. 당시 저는 '8시다! 전원 집합'이라는 예능 프로그램을 좋아했는데, 그 프로그램은 제가 저녁을 먹고 숙제를 해야 하는 시간에 딱 겹쳐 방영했습니다.

처음에는 '숙제하다가 프로그램이 시작되면 중간 광고들이 나올 때 짬짬이 해야 겠다'라고 생각했습니다. 그런데 일단 숙제를 하기 시작하면 방송 시청보다는 숙제를 끝내고 싶다는 생각이 커졌습니다. 직전에 하던 행동과 사고를 지속하고 싶은 사람의 습성을 깨달은 순간이었습니다.

96

존경하는 마음을 전하고 싶을 때

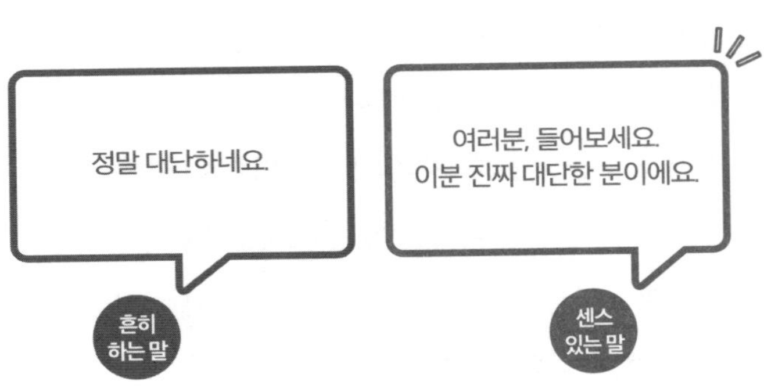

당사자를 직접 칭찬하면 “에이, 항상 좋게 말씀해주시잖아요” 하고 겸손하게 받아들여서 진심이 전달되지 않을 때가 있습니다. 어떻게 하면 마음을 온전히 전달할 수 있을까요? 우선 그 사람을 제삼자가 칭찬한 것처럼 “○○ 씨가 당신을 이런 식으로 말했어요” 하고 간접적으로 전달하면 상대에게 마음이 더욱 잘 전달됩니다. 당사자가 없는 곳에서 좋은 이야기를 하면 바로 이야기가 전달되지는 않지만, 분명 시간차를 두고 그에게 가닿아 최고의 행복을 전합니다. 물론 본인에게 전달되지 않는 경우도 많죠. 그래서 저는 이 방법을 추천합니다.

칭찬하고 싶은 이를 지인에게 소개합니다. "오늘 제가 A 씨를 소개하고 싶은데요" 하고 A 씨 옆에서 B 씨를 향해 말합니다. "A 씨는 제가 인생에서 만난 수많은 사람 가운데서도 정말 특별한 존재예요. 이렇게까지 센스가 좋은 사람은 본 적이 없다니까요"라고 직접적으로 칭찬합니다. 그러면 A 씨는 "그렇게 칭찬해주시니까 부끄럽네요"라고 말하면서도 그다지 싫지 않은 표정을 지을 것입니다. 이때 A 씨의 자존감은 올라갑니다.

다음과 같은 방법도 있습니다. SNS에 상대와 찍은 사진을 올립니다. 그리고 '이 사람은……' 하고 칭찬하는 글을 덧붙이면 당신 마음이 오롯하게 전달될 겁니다.

97

우연히 맺은 인연을 이어가고 싶을 때

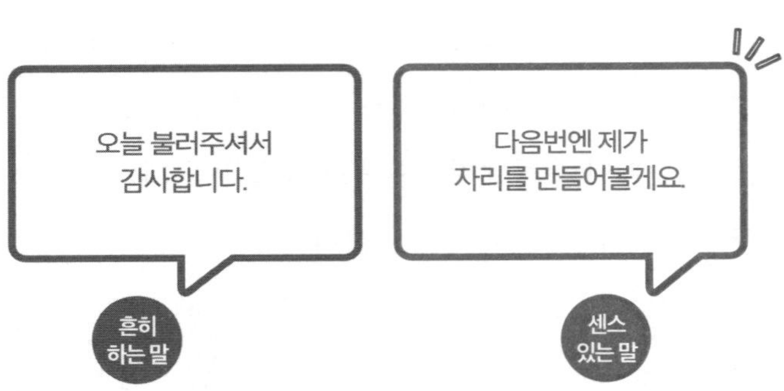

한번은 회사 선배가 동종업계에 있는 지인을 만나러 간다기에 같이 간 적이 있습니다. 순전히 선배의 종용 때문에 따라간 자리였습니다. 처음에는 적당히 자리를 지키다가 빠져야겠다고 생각했습니다.

그런데 그 자리에서 저는 업계 관련 최신 소식뿐 아니라 알려지지 않은 뒷이야기, 업계 종사자로서 가져야 할 태도와 가치관까지 너무나 알찬 대화를 나누게 되었습니다. 게다가 선배와 선배의 지인, 그리고 저는 취미도 같았어요. 말이 너무나 잘 통하고 즐거웠습니다. 저는 결국 끝까지 자리했지요.

피가 되고 살이 되는 이야기를 많이 들었기에 고마운 마음도 들었고, 너무나 즐거운 대화에 다시 한번 이런 자리를 갖고 싶다고 생각했습니다. 하지만 조심스럽기도 했어요. 일단은 회사 선배와 그 지인이었으니까 말입니다.

보통 때 같으면 자리가 파할 때, “오늘 이 자리에 함께하게 해주셔서 감사합니다”라고 인사하고 돌아왔을 것입니다. 하지만 이번에는 용기를 내 “다음에 제가 자리를 만들어보겠습니다. 그때 다시 뵐 수 있을까요?” 하고 물었습니다.

그랬더니 “기대되는데요?”, “좋아요, (번호를 불러주며) 이쪽으로 연락해요”라는 말을 들었습니다.

여러분이 원하는 것이 다시 만나고 싶은 것이라면 그 마음을 적극적으로 전합시다. 어중간하거나 수동적인 태도로는 기회를 잡을 수 없습니다. 여러분의 마음이 상대에게 전해져야 또 자리를 함께 할 수 있습니다.

98

응원의 한마디를 건네고 싶을 때

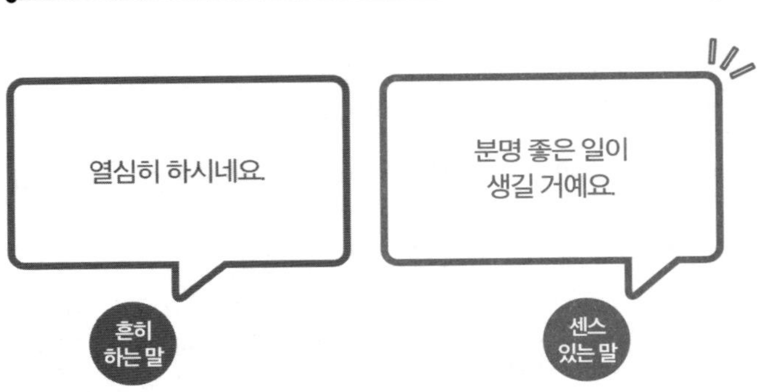

누구나 미래에 대해 불안해합니다.

예를 들어 아는 사람이 새로운 일에 도전하거나 진지하게 무언가에 몰두하거나 열심히 공부하고 있다고 가정해봅시다. 그럴 때 어떻게 해야 '응원하는 마음'을 전할 수 있을까요?

노력하는 사람은 빛이 납니다. 하지만 진심일수록 마음 한구석에서는 자신의 목표나 능력에 대한 의심이 스멀스멀 올라오게 마련입니다.

'정말 이런 일에 최선을 다해도 되는 걸까?', '나는 왜 더 열심히 하지 못할까?' 하며 힘들어하는 사람도 있습니다. 이럴 때 '힘내'라는 말은 상대방에게 공허한 울림으로 들릴 확률이 높습니다.

저는 "앞으로 엄청난 일이 벌어질 것 같은데요?" 하고 긍정적인 추측의 말을 건넬 것을 추천합니다. 밝은 미래를 알아맞히는 훌륭한 점쟁이가 되길 바랍니다. 그 추측의 멋진 말이 상대방에게는 큰 에너지가 되기 때문입니다.

설령 마음에는 가닿지 않았더라도 일이 생길 때마다 상대는 당신의 말을 떠올리며 내심 그 이미지에 가까워지려고 할 것입니다.

99

일상적인 감사의 마음을 전하고 싶을 때

어떤 분야든 성공한 사람 가운데는 선물하기를 좋아하는 사람이 많습니다.

그런 이들은 생일과 크리스마스는 물론이고, 특별한 날이 아니어도 근사한 물건을 발견하면 '그 사람에게 어울릴 것 같으니까 사다주어야겠다' 정도의 가벼운 마음으로 구입한 뒤 거드름을 피우지 않고 선물합니다.

당신도 그런 사람이 되기를 바랍니다.

상대가 가까운 사람이면 왠지 선물하기가 쑥스럽다

는 분도 있습니다. 그렇다고 말없이 선물만 건네면 꿍꿍이가 있는 게 아닌지 의심받을지도 모릅니다.

그러면 차라리 낯간지럽더라도 "평소의 감사한 마음을 담았습니다"라고 직접적으로 말해보면 어떨까요? 이렇게 분명하게 말하면 경계할 일도 없고, 분명 웃어줄 테니 말입니다.

무엇을 선물할지 고민된다면 부담 없는 금액대에서 상대의 취향을 반영하거나 업무와 관련된 비품이나 소모품을 추천합니다. 보조배터리나 충전 케이블 등의 스마트폰 관련 용품, 마스킹 테이프, 포스트잇, 펜 등의 문구류는 누구나 좋아하는 선물입니다.

나가며

말 속에 배려와 애정을 담아보세요

저는 보통의 사람도 자신의 세계관에 반짝이는 정보를 품고 있다고 생각합니다. 누구에게 어떤 근사한 정보가 있을지 모릅니다.

이 때문에 '누구에게든 정중하게 공을 들이자'라고 생각하는 것입니다. 그래서 저는 모든 사람에게 흥미를 느낍니다. 다양한 생각의 다양한 사람을 만나다 보면 의외로 멋진 걸 배울 수 있습니다. 이래서 인생은 참 재밌습니다.

일이든 놀이든 생활이든 마찬가지입니다.

처음에는 '그게 뭐야?' 하며 냉담하게 비웃음당하는 사람이 항상 그 분야를 개척해갑니다. 냉담하게 웃던 사람들은 결국 개척자의 등 뒤를 필사적으로 좇게 됩니다.

그렇기 때문에 누구를 만나든 평생 알고 지낼 사이라고 생각하고 소중하게 대해야 한다고 강조하고 싶습니다.

늘 배우는 자세로 이야기를 듣고 상대가 추천하면 구김살 없이 시도해보고, 잘되면 "덕분에 굉장히 도움이 되었습니다!" 하고 기쁜 마음을 말이나 태도로 마음껏 드러내기 바랍니다.

내가 기뻐하면 상대방도 분명 신이 나서 정보나 지식, 사람을 더 소개해줄 것입니다.

언제 찾아올지 모르는 꿈 같은 기회를 기분 좋게 맞이하기 위해서 이 책이 하나의 도구로서 당신의 인생에 도움이 되기를 바랍니다.

따라 하면 일도 관계도 술술 풀리는 기적의 말투 99

초판 1쇄 발행 · 2023년 9월 6일
초판 3쇄 발행 · 2024년 3월 14일

지은이 · 야마자키 다쿠미
옮긴이 · 김지윤
발행인 · 이종원
발행처 · (주) 도서출판 길벗
브랜드 · 더퀘스트
주소 · 서울시 마포구 월드컵로 10길 56 (서교동)
대표전화 · 02) 332-0931 | **팩스** · 02) 322-0586
출판사 등록일 · 1990년 12월 24일
홈페이지 · www.gilbut.co.kr | **이메일** · gilbut@gilbut.co.kr

기획 및 책임편집 · 송은경(eun3850@gilbut.co.kr), 유예진, 오수영
마케팅 · 정경원, 김진영, 김선영, 최명주, 이지현, 류효정 | **유통혁신팀** · 한준희
제작 · 이준호, 손일순, 이진혁, 김우식
영업관리 · 김명자, 심선숙 | **독자지원** · 윤정아
교정교열 · 이지은 | **표지디자인** · thiscover | **본문디자인** · 디자인현 | **표지 일러스트** · 25일
CTP 출력 및 인쇄 · 예림인쇄 | **제본** · 예림인쇄

ISBN 979-11-407-0614-3 03320
(길벗 도서번호 090216)

정가 16,800원